JN080862

DataBase 3300

準拠

書いて覚える
英単語ノート

基本3300語レベル

桐原書店編集部 [編]

桐原書店

はじめに

英語の力を伸ばすために一番大切なことは？

この質問を，あなたの周りにいる「英語が得意な人」たちにしてみてください。

おそらく皆が口をそろえて，こう答えるはずです。

「まずは基礎をしっかりと学習すること」

そうです。基礎を身につけることで，自然と英語学習のコツをつかみ，やがては「英語が得意」だと実感できるようになるのです。

逆に言うと，基礎をしっかりと身につけずにあれこれと他の教材に手を伸ばしても，いつまで経っても学習のコツをつかみきれず，あやふやなままになってしまうことでしょう。

やはり「英語の力は単語力」である

ではいったい何をどうすればよいのでしょうか。

まずは，「単語や熟語を書いて覚える」ことから始めてください。

この「書いて覚える」という作業の繰り返しが，英語の基礎学習には最も効果的です。

さらに，単語や熟語は知っている数が多いほど，「英文の内容を理解するための手がかりを数多く持っている」ということを意味します。初めて目にする，耳にする英文の中で「手がかりとなる語」があるのとないのとでは大違いでしょう。

やはり，英語の力を伸ばすためには，「単語の学習」から始めることが大切なのです。

選びぬかれた単語・熟語を学習する

実はもう１つ，とても大切なことがあります。それは，「良質な教材を使うこと」です。

単語の学習には時間がかかります。多くの時間を費やすのですから，優れた教材を使えば，それだけ大きな成果を得ることができるのです。

その点，本書に収録されている単語・熟語は，これまで高校生を中心に多くの方々に支持され続けてきたロングセラー単語集「DataBase シリーズ」と同じものです。

だからこそ，あなたの大切な時間を使っていただく教材として，自信を持っておすすめすることができるのです。

　厳しいようですが，英語学習に近道はありません。ですがそれは，努力を重ねれば確実に英語の力は伸びていく，ということでもあります。ですから自信を持って，毎日の学習を続けてください。本書が，あなたの英語の力をこれから飛躍的に向上させていくための第一歩となることを願ってやみません。

桐原書店　編集部

Contents

本書の利用法

どのページも見開きで完結しており，左ページで単語の練習，右ページでその単語が文章中でどのように使われているかを確認する構成になっています。「書いて，書いて，書いて」「覚える」というリズムを身につけましょう。

左ページ

単語の練習

書き込み欄（3回分＊）

1つの単語につき，3回書き込み練習をしてみましょう。発音記号やカナ表記，QRコードから確認できる音声を参考にして，声に出しながら書き込んでください。

＊「基本動詞を用例でつかもう」「身につけておきたい熟語」については2回となります。

本書での発音の示し方について

本書では発音記号のほかに，カタカナ・ひらがなを用いて見出し語の発音の仕方を示しています。太字はアクセントの位置を示しています。ひらがなで示されているのは，日本語の音との違いが大きな音です。

ただし，カナ表記は英語の発音を正確に表しているわけではありません。カナ表記を参考にして，発音記号の読み方を身につけるようにしましょう。2ページ後に詳しい表が掲載されています。

通し番号

1 〜 1968 まであります。チェックボックスの左側は音声チェック欄，右側は音読チェック欄として使いましょう。

チェックボックスの左側は音声チェック欄，右側は音読チェック欄として使おう

DATE ・ ・

学校・授業に関する語

			意　味	1回目	2回目	3回目
1	class	[klæs] クらぁス	クラス, 授業			
2	library	発 [láibrèri] らイブレリ	図書館			
3	question	発 [kwéstʃən] クウェスチョン	質問			
4	word	発 [wə́ːrd] ワード	単語			
5	science	発 [sáiəns] サイアンス	科学			
6	mathematics	ア [mæ̀θəmǽtiks] マぁすマぁティクス	数学			
7	study	[stʌ́di] スタディ	(を)勉強する			
8	learn	[lə́ːrn] ら〜ン	を知る			
9	teach	[tíːtʃ] ティーチ	を教える			
10	answer	[ǽnsər] あンサ	答え			
11	read	[ríːd] リード	(を)読む			
12	write	[ráit] ライト	を書く			

時に関する語

13	noon	発 [núːn] ヌーン	正午			
14	midnight	[mídnàit] ミッドナイト	真夜中			
15	time	[táim] タイム	時間			
16	date	[déit] デイト	日付			
17	week	[wíːk] ウィーク	週			
18	month	[mʌ́nθ] マンす	(暦のうえの)月			
19	year	[jíər] イア	年			
20	future	[fjúːtʃər] ふューチャ	将来			
21	begin	[bigín] ビギン	を始める			
22	start	[stɑ́ːrt] スタート	始まる			
23	open	[óupən] オウプン	を開ける			
24	keep	[kíːp] キープ	を持っている			

Answers

右ページの例文に入る答えを，番号順に掲載してあります。

Answers

1 class	2 library	3 question	4 word	5 science	6 mathematics	7 study
8 learned	9 taught	10 answer	11 read	12 writing	13 noon	14 midnight	15 time
16 date	17 week	18 month	19 year	20 future	21 begin	22 start	23 opening
24 keep

右ページ

例文で確認

日本語訳

例文の意味が示してあります。

音声（QRコード）

QRコードを読み取ることで，音声サイトにアクセスすることができます。単語・例文共に音を確認できるので，耳からも覚えるように意識してみましょう。

たちは美術で同じ**クラス**だ。	We're in the same art _____.
書館に行こう。	Let's go to the _____.
問していいですか。	Can I ask you a _____?
の**単語**はどういう意味ですか。	What does this _____ mean?
は**科学**に興味がある。	I'm interested in _____.
ルは**数学**が得意だ。	Bill is good at _____.
は家で３時間**勉強する**。	I _____ three hours at home.
は彼が面接に受かったことを**知った**。	I _____ he passed the interview.
はそのシステムについて**教えてくれた**。	He _____ me about the system.
は正しい**答え**を知らなかった。	I didn't know the right _____.
女は再びその小説を**読んだ**。	She _____ the novel again.
は手紙を**書く**ことが得意でない。	I'm not good at _____ letters.
食は**正午**になります。	Lunch will be at _____.
女は**真夜中**に電話してきた。	He called me at _____.
は今日は楽しい**時間**を過ごした。	I had a good _____ today.
日は何**日**ですか。	What's the _____ today?
しい**週**だった。	It has been a busy _____.
たちは**月**に３度会っている。	We meet three times a _____.
年には１２か月ある。	A _____ has twelve months.
来の夢は何ですか。	What's your dream for the _____?
験を**始めて**いいですよ。	You can _____ the test now.
０分後に授業が**始まる**。	Class will _____ in ten minutes.
窓を**開けて**いただけますか。	Would you mind _____ the window?
女はそのお金を**持って**いたかった。	She wanted to _____ the money.

例文

左側の日本語訳を参考にして，空所に単語を入れて，例文を完成してみましょう。

注意！ 答えは，単語がそのままの形で入るとは限りません。単数形・複数形，時制などの変化に注意してください。

本書で使っている記号

㋐ アクセントに注意が必要な単語

㊉ 発音に注意が必要な単語

発音記号と発音のポイント

単母音

[æ]	あ	唇を左右に強く引っ張って「ェア」と言う。
[ʌ]	ア	のどの奥のほうで「アッ」と強く言う。口はあまり開けない。
[ɑː]	アー	口を大きく開けて，のどの奥から明るく「アー」と言う。
[ɑːr]	アー	上の [ɑː] を言ってから，舌先を上げて力を抜いて「ア」をそえる。
[ə]	ア・イ・ウ・エ・オ	口を大きく開けず，力を抜いてあいまいに「ア」と言うのが基本だが，直前の子音の影響を受けて発音が変わる。本書のカナ表記ではもっとも近い類似音をあてている。
[ər]	ア	舌先を上げて，口を大きく開けず，力を抜いてあいまいに「ア」と言う。
[əːr]	ア～	[ər] をのばして長く言う。
[ɪ]	イ	口は「エ」を言う形で，力を入れずに「イ」と言う。
[iː]	イー	唇を左右に引っ張って「イー」と言う。
[i]	イ	上の [iː] を短く弱く言う。
[ʊ]	ウ	力を抜いて，唇を丸めて「ウ」と言う。
[uː]	ウー	日本語の「ウ」より唇を前に突き出して「ウー」と言う。
[u]	ウ	上の [uː] を短く弱く言う。
[e]	エ	日本語の「エ」と同じように言えばよい。
[ɔː]	オー	口は日本語の「オ」の形で「アー」と言う。
[ɔːr]	オー	上の [ɔː] を言ってから，舌先を上げて力を抜いて「ア」をそえる。

二重母音

[aɪ]	アイ	「ア」を強く，ややのばす感じで「アーイ」と言う。
[aʊ]	アウ	「ア」を強く，ややのばす感じで「アーウ」と言う。
[ɪər]	イア	[ɪ] のあとに [ər] を軽くそえる。
[ʊər]	ウア	[ʊ] のあとに [ər] を軽くそえる。
[eər]	エア	[e] のあとに [ər] を軽くそえる。
[eɪ]	エイ	「エ」を強く，ややのばす感じで「エーイ」と言う。
[ɔɪ]	オイ	日本語の「オ」より大きく丸く口を開け，「オーイ」とややのばす感じで言う。
[oʊ]	オウ	口を小さく丸め，「オ」を強く，ややのばす感じで「オーウ」と言う。

子音

[p]	プ	唇を閉じ，息だけ勢いよく出して「プッ」と言う。
[b]	ブ	唇を閉じ，のどの奥で声を出しながら息を出して「ブッ」と言う。
[t]	ト	上の歯ぐきに舌の先をあてて息だけを出す。
[d]	ド	上の歯ぐきに舌の先をあてて，のどの奥で声を出しながら息を出す。
[k]	ク	日本語の「ク」より強く激しく言う。
[g]	グ	[k] を言うときに，同時にのどの奥で声を出す。
[m]	ム	唇を閉じて，鼻の奥で「ム」と声を出す。
[n]	ヌ	上の歯ぐきに舌先をつけ，鼻の奥で「ンヌ」と声を出す。
[ŋ]	ング	[k] や [g] の前の [n] が [ŋ] の音になる。[n] の音をのばして [k] や [g] に続けることが多い。
[l]	る	舌先を上の歯ぐきにつけて，鼻の奥のほうで「ウ」と声を出す。
[r]	ル	舌先を軽く上げ，軽く「ウ」をそえる感じで言う。
[f]	ふ	下唇に前歯の先をあてて，息だけそこから出す。
[v]	ヴ	下唇に前歯の先をあてて，声を出しながら息を出す。
[θ]	す	前歯の先に舌先を軽くつけて，そこから息だけを出す。
[ð]	ず	前歯の先に舌先を軽くつけて，声を出しながら息を出す。
[s]	ス	上の歯ぐきに舌先を近づけて，そこから息を出す。
[z]	ズ	上の歯ぐきに舌先を近づけて，声を出しながら息を出す。
[ʃ]	シュ	日本語で「静かに」と言うときの「シー」に近い感じ。息だけを出す。
[ʒ]	ジュ	上の [ʃ] の音を出すときに，のどの奥で声を出す。
[j]	イ	[ɪ] の口の形をして，あとに続く母音の発音へ移る。
[h]	フ	口を次に続く音の形にし，のどの奥から息だけを出す。
[w]	ウ	唇を丸めて突き出し，「ウ」と言う。
[tʃ]	チ	舌先を上の歯ぐきにつけて，そこから「チ」と息を出す。
[dʒ]	ヂ	舌先を上の歯ぐきにつけ，のどの奥で声を出しながら息を出す。
[ts]	ッ	舌は日本語の「ツ」の位置で，息だけを出す。
[dz]	ヅ	舌は日本語の「ヅ」の位置で，声を出す。

単語の効果的な学習法

1つの単語につき，以下の順で学習を進めてください。

ステップ①

　まずは，単語とその意味をよく見てみましょう。

　次に意味をイメージしながら，QRコードから確認できる音声や，カナ発音・発音記号を参考に，声に出して繰り返し読んでみてください。アルファベットで書かれた単語を読みながら，何となく意味が思い浮かんでくればOKです。

ステップ②

　次に「書き込み」の練習をします。

　あなたの頭の中には，すでに単語のイメージができているはずです。その単語のイメージを写し取る要領で，ゆっくりと声に出しながら記入欄に書いてみましょう。そのとき大切なのは，一番左に載っている単語を見ずに書いてみることです。書けないようなら，もう一度①の手順に戻ってみてください。

　はじめのうちは，単語を見ずに書くのは難しいかもしれません。ですが，ここでくじけてはいけません。お手本を見ながら一字一字書いていたのでは，いつまでたっても単語とその単語の持つ意味とはつながらないまま，単なるアルファベットの練習になってしまうからです。

　しばらくは大変かもしれませんが，この「単語をイメージしながら声に出して書く」という練習を繰り返してみましょう。何度も繰り返していくうちに，単語のスペル（つづり）のルールが，自然と身についていることに気づくはずです。こうなればしめたものです。一度，声に出して読んでみただけで，すらすらと単語を書けるようになることでしょう。

さらにステップアップしたい人へ

　このノートに収録されている内容は，単語集『**DataBase 3300 基本英単語・熟語**』に基づいています。

　単語集には，豊富なパターンの音声（QRからアクセス），イラストを使った解説，単語や文法に関するコラムなど，単語のイメージをより豊かにする情報が収録されています。学習を進めていくサポート教材として，またノートを一通り終えたあとの復習用としてもおすすめです。

Level

中学で学ぶ基本単語

（336 語）

Level1 では中学校で学ぶ基本単語をあつめています。
単語力の核となる，基本の単語ばかりなので，ひとつひとつの意味をしっかり確認しましょう。

ここで学ぶ
単語の種類

- 学校・授業に関する語
- 時に関する語
- 生活に関する語
- 状態を表す語
- 移動に関する動詞
- 大きさ・高さなどを表す語
- 衣食住に関する動詞
- 感情を表す（含む）語
- イラストで覚える前置詞①〜②
- 知覚する
- 位置を表す語
- 手に入れる・与える
- 変化する
- 数量を表す語
- 感情を含む語
- 発話する
- 人に関する語
- 美しい・かわいい
- 思考する・欲する
- 状態や性質などを表す語
- 人と関わる
- 重さ・明るさを表す語
- 手を使う動作
- イラストで覚える前置詞③〜④
- 接続詞

- 金銭・取引に関する動詞
- 時・順序を表す語
- 休む・眠る・起きる
- 旅行・交通に関する語
- 終わる・終える
- 代名詞
- ごみに関する語
- 感情を含む動詞
- 身体・健康に関する語
- 食事に関する語
- 方角・場所を表す語
- 状態や性質を表す語
- 副詞
- 学習・知的活動をする
- 芸術に関する語
- 社会に関する語
- 人に関する語
- 意義・状況を表す語
- 時に関する語
- 助動詞
- 問題・目的・活動
- メディア・情報・通信
- イラストで覚える前置詞⑤

DATE　　　　　・　　　・

学校・授業に関する語

			意　味	1回目	2回目	3回目
1	class	[klǽs] クらぁス	クラス，授業			
2	library	発 [láɪbrèri] らイブレリ	図書館			
3	question	発 [kwéstʃən] クウェスチョン	質問			
4	word	発 [wə́:rd] ワ〜ド	単語			
5	science	発 [sáɪəns] サイアンス	科学			
6	mathematics	ア [mæ̀θəmǽtɪks] マぁす マぁティクス	数学			
7	study	[stʌ́di] スタディ	(を)勉強する			
8	learn	[lə́:rn] ら〜ン	を知る			
9	teach	[tíːtʃ] ティーチ	を教える			
10	answer	[ǽnsər] あンサ	答え			
11	read	[ríːd] リード	(を)読む			
12	write	[ráɪt] ライト	を書く			

時に関する語

			意　味	1回目	2回目	3回目
13	noon	発 [núːn] ヌーン	正午			
14	midnight	[mídnàɪt] ミッドナイト	真夜中			
15	time	[táɪm] タイム	時間			
16	date	[déɪt] デイト	日付			
17	week	[wíːk] ウィーク	週			
18	month	[mʌ́nθ] マンす	(暦のうえの)月			
19	year	[jíər] イア	年			
20	future	[fjúːtʃər] ふューチャ	将来			
21	begin	[bɪgín] ビギン	を始める			
22	start	[stáːrt] スタート	始まる			
23	open	[óupən] オウプン	を開ける			
24	keep	[kíːp] キープ	を持っている			

1 class　　2 library　　3 question　　4 word　　5 science　　6 mathematics　　7 study
8 learned　　9 taught　　10 answer　　11 read　　12 writing　　13 noon　　14 midnight　　15 time
16 date　　17 week　　18 month　　19 year　　20 future　　21 begin　　22 start　　23 opening
24 keep

私たちは美術で同じ**クラス**だ。	We're in the same art ＿＿＿＿.
図書館に行こう。	Let's go to the ＿＿＿＿.
質問していいですか。	Can I ask you a ＿＿＿＿?
この**単語**はどういう意味ですか。	What does this ＿＿＿＿ mean?
私は**科学**に興味がある。	I'm interested in ＿＿＿＿.
ビルは**数学**が得意だ。	Bill is good at ＿＿＿＿.
私は家で3時間**勉強する**。	I ＿＿＿＿ three hours at home.
私は彼が面接に受かったこと**を知った**。	I ＿＿＿＿ he passed the interview.
彼はそのシステムについて**教えてくれた**。	He ＿＿＿＿ me about the system.
私は正しい**答え**を知らなかった。	I didn't know the right ＿＿＿＿.
彼女は再びその小説**を読んだ**。	She ＿＿＿＿ the novel again.
私は手紙**を書く**ことが得意でない。	I'm not good at ＿＿＿＿ letters.
昼食は**正午**になります。	Lunch will be at ＿＿＿＿.
彼は**真夜中**に電話してきた。	He called me at ＿＿＿＿.
私は今日は楽しい**時間**を過ごした。	I had a good ＿＿＿＿ today.
今日は何**日**ですか。	What's the ＿＿＿＿ today?
忙しい**週**だった。	It has been a busy ＿＿＿＿.
私たちは**月**に3度会っている。	We meet three times a ＿＿＿＿.
1**年**には12か月ある。	A ＿＿＿＿ has twelve months.
将来の夢は何ですか。	What's your dream for the ＿＿＿＿?
試験**を始め**ていいですよ。	You can ＿＿＿＿ the test now.
10分後に授業が**始まる**。	Class will ＿＿＿＿ in ten minutes.
窓**を開け**ていただけますか。	Would you mind ＿＿＿＿ the window?
彼女はそのお金**を持っ**ていたかった。	She wanted to ＿＿＿＿ the money.

生活に関する語

			意　味	1回目	2回目	3回目
25	life	[láɪf] らイふ	生活			
26	name	[néɪm] ネイム	名前			
27	age	[éɪdʒ] エイヂ	年齢			
28	live	発 動[lív] リヴ 副形[láɪv] らイヴ	生きる			
29	die	発 [dáɪ] ダイ	死ぬ			
30	play	[pléɪ] プれイ	遊ぶ			
31	enjoy	[ɪndʒɔ́ɪ] インヂョイ	を楽しむ			
32	work	発 [wə́:rk] ワ〜ク	働く			
33	try	[tráɪ] トライ	をやってみる			
34	drink	[dríŋk] ドリンク	を飲む			
35	eat	[íːt] イート	を食べる			
36	have	[hǽv] ハぁヴ	を持っている			

状態を表す語

37	different	ア [dífərnt] ディふァレント	違った			
38	absent	ア [ǽbsənt] あブサント	欠席で			
39	ready	[rédi] レディ	用意・準備ができて			

移動に関する動詞

40	go	[góʊ] ゴウ	行く			
41	come	[kʌ́m] カム	来る			
42	bring	[bríŋ] ブリング	を持ってくる			
43	send	[sénd] センド	を送る			
44	walk	[wɔ́:k] ウォーク	歩く			
45	run	[rʌ́n] ラン	走る			
46	fly	[fláɪ] ふらイ	飛ぶ			
47	fall	[fɔ́:l] ふォーる	落ちる			
48	swim	[swím] スウィム	泳ぐ			

Answers

25 life　26 name　27 age　28 live　29 died　30 play　31 enjoys　32 work
33 tried　34 drink　35 eat　36 has　37 different　38 absent　39 ready　40 going
41 Come　42 bring　43 Send　44 walked　45 ran　46 flying　47 fell
48 swimming

祖母は充実した**生活**を送った。	My grandmother lived a full ____.
彼女の**名前**はリサといった。	Her ____ was Lisa.
彼らは同じ**年齢**だ。	They are the same ____.
私たちは水なしで**生きられ**ない。	We can't ____ without water.
彼の父親は 1992 年に**死んだ**。	His father ____ in 1992.
子どもたち，外で**遊びなさい**。	Kids, ____ outside!
彼はイヌと遊ぶ**のを楽しむ**。	He ____ playing with his dogs.
どこで**働いている**のですか。	Where do you ____?
彼は窓を開け**ようとした**。	He ____ to open the window.
何か**飲む**ものがほしい。	I want something to ____.
私は朝食**を食べ**なかった。	I didn't ____ breakfast.
彼女は 2 台の自転車**を持っている**。	She ____ two bikes.

その場所は今では**違って**見える。	The place looks ____ now.
彼は今日学校を**欠席**している。	He is ____ from school today.
まだ**用意でき**ていないの？	Aren't you ____ yet?

どこへ**行く**のですか。	Where are you ____?
もう少し近くに**来て**。	____ a little closer.
傘**を持ってき**ましたか。	Did you ____ an umbrella?
君の写真**を送って**。	____ me your picture.
私は昨日公園の中を**歩いた**。	I ____ in the park yesterday.
彼女は駅まで**走った**。	She ____ to the station.
空を**飛んでいる**のは何？	What's that ____ in the sky?
カップが彼の手から**落ちた**。	The cup ____ from his hands.
私たちは明日**泳ぎ**に行くだろう。	We will go ____ tomorrow.

大きさ・高さなどを表す語

			意味	1回目	2回目	3回目
49	long	[lɔ́(:)ŋ] **ろ(ー)ング**	長く			
50	tall	[tɔ́:l] **トーる**	背の高い			
51	low	[lóu] **ろウ**	(位置が)低い			
52	short	[ʃɔ́:rt] **ショート**	短い			

衣食住に関する動詞

			意味	1回目	2回目	3回目
53	wear	発 [wéər] **ウェア**	を着ている			
54	make	[méik] **メイク**	を作る			
55	cook	[kúk] **クック**	(を)料理する			
56	cut	[kʌ́t] **カット**	を切る			
57	freeze	[frí:z] **ふリーズ**	凍る			
58	wash	[wá:ʃ] **ワッシュ**	を洗う			
59	put	[pút] **プット**	を置く			
60	stay	[stéi] **ステイ**	とどまる			

感情を表す（含む）語

			意味	1回目	2回目	3回目
61	happy	[hǽpi] **ハぁピ**	うれしい			
62	glad	[glǽd] **グらぁド**	うれしい			
63	sad	[sǽd] **サぁド**	悲しい			
64	sorry	[sá:ri] **サリ**	すまなく思って			
65	afraid	[əfréid] **アふレイド**	恐れて			
66	laugh	発 [lǽf] **らぁふ**	笑う			
67	cry	[krái] **クライ**	泣く			
68	shout	[ʃáut] **シャウト**	叫ぶ			
69	wish	[wíʃ] **ウィッシュ**	であればいいと思う			
70	promise	発 [prá:məs] **プラミス**	(を)約束する			
71	let	[lét] **れット**	(望みどおりに)…に～させる			
72	stand	[stǽnd] **スタぁンド**	立つ			

Answers

49 long	50 tall	51 low	52 short	53 wear	54 makes	55 cooked	56 cut
57 frozen	58 washes	59 put	60 stay	61 happy	62 glad	63 sad	64 sorry
65 afraid	66 laughed	67 cry	68 shouted	69 wish	70 promise	71 let	72 Stand

長く待ちましたか。	Have you been waiting _____?
ビリーはとても**背が高い**。	Billy is very _____.
あの**低い**橋に気をつけて。	Watch out for that _____ bridge.
彼女の髪は**短い**。	She has _____ hair.

職場でTシャツ**を着て**はいけない。	Don't _____ a T-shirt at work.
彼は自分の服は全部自分で**作る**。	He _____ all his own clothes.
昨晩は彼が夕食**を料理した**。	He _____ dinner last night.
私がニンジン**を切り**ます。	I will _____ the carrots.
オレンジジュースは**凍って**いた。	The orange juice was _____.
彼女は毎週末，車**を洗う**。	She _____ her car every weekend.
どこに新聞**を置き**ましたか。	Where did you _____ the newspaper?
私は家に**とどまら**なければならない。	I have to _____ at home.

私たちはあなたに会えてとても**うれしい**。	We're so _____ to see you.
私は君が電話をしてくれて**うれしい**。	I'm _____ that you called me.
私はそのニュースに**悲しい**気持ちになる。	I feel _____ about the news.
私はそれを**すまなく思って**いる。	I'm _____ about that.
みんな彼を**恐れて**いた。	Everybody was _____ of him.
彼女は映画の間じゅう**笑って**いた。	She _____ during the movie.
泣かないで，大丈夫だよ。	Don't _____ — it's OK.
彼は私に向かって**叫んだ**。	He _____ to me.
私は君がここに**ればいいと思う**。	I _____ you were here.
私は戻ってくること**を約束する**。	I _____ that I'll come back.
それを私**に見せて**もらえますか。	Can you _____ me see that?
みんな，**立ち**上がって。	_____ up, everyone.

DATE　　　　・　　　・

at / in / on / from / to　イラストで覚える前置詞①

			意　味	1回目	2回目	3回目
73 74 75	at	[ǽt] アット	《場所の一点》～で 《時の一点》～に 《目標》～に			
76 77 78	in	[ín] イン	～の中に 《期間の中》～に ～を着て			
79 80	on	[á:n] オーン	《接触》～の上に 《特定の時》～に			
81 82	from	[frʌ́m] ふラム	《出発点》～から 《時・物事の起点》～から			
83 84	to	[tú:] トゥー	《到達点》～に 《範囲・限界》～まで			

for / of / with / along / across　イラストで覚える前置詞②

			意　味	1回目	2回目	3回目
85 86 87	for	[fɔ́:r] ふォー	《方向》～に向かって，～行きの 《期間》～のあいだ ～のために			
88 89 90	of	[ʌ́v] オヴ	《所属・所有》～の ～のうちの 《地点から離れて》～から			
91 92 93	with	[wíθ] ウィず	～といっしょに 《所有》～のある 《材料・手段》～で			
94	along	[əlɔ́(:)ŋ] アろ(ー)ング	～に沿って			
95 96	across	[əkrɔ́(:)s] アクロ(ー)ス	～を横断して ～の向こう側に			

nswers

73 at	74 at	75 at	76 in	77 in	78 in	79 on	80 on
81 from	82 from	83 to	84 to	85 for	86 for	87 for	88 of
89 of	90 of	91 with	92 with	93 with	94 along	95 across	96 across

16

次のかど**で**左に曲がって。	Turn left _____ the next corner.
番組は9時**に**始まる。	The program starts _____ nine o'clock.
彼女が私**に**ほほえんだ。	She smiled _____ me.
びん**の中に**いくつかクッキーがある。	There are some cookies _____ the jar.
ジェニーは1992年**に**生まれた。	Jenny was born _____ 1992.
彼らはみんな制服**を着て**いた。	They were all dressed _____ uniforms.
壁**の**絵を見てごらん。	Look at the picture _____ the wall.
パーティーは5月22日**に**開かれた。	The party was held _____ May 22.
私は駅**から**歩いた。	I walked _____ the station.
彼女は9時**から**働く。	She works _____ nine.
私は銀行**に**行かなければならない。	I have to go _____ the bank.
中国語で10**まで**数えられますか。	Can you count _____ ten in Chinese?

パリ**に向かう(行きの)**電車は何時に出発しますか。	What time does the train _____ Paris leave?
私は彼女を10年**のあいだ**知っている。	I have known her _____ 10 years.
あなた**のために**絵を描いたよ。	I painted a picture _____ you.
私**の**友人が新しいマウンテンバイクを買った。	A friend _____ mine bought a new mountain bike.
選手**のうちの**ひとりが足を骨折した。	One _____ the players broke his leg.
彼らはニューヨーク**から**西へ10キロのところに住んでいる。	They live ten kilometers west _____ New York.
君**といっしょに**行きたい。	I want to go _____ you.
私は車庫**のある**家を探している。	I'm looking for a house _____ a garage.
このかぎ**で**ドアを開けられるよ。	You can open the door _____ this key.
私たちは川**に沿って**歩いた。	We walked _____ the river.
その川**を**泳いで**渡る(横断する)**ことができますか。	Can you swim _____ the river?
通り**の向こう**側に本屋がある。	There is a bookstore _____ the road.

17

知覚する

			意　味	1回目	2回目	3回目
97	see	[síː] スィー	(が)見える			
98	look	[lúk] るック	《look at … で》…を見る			
99	watch	[wáːtʃ] ワッチ	(を)よく見る			
100	hear	[híər] ヒア	が聞こえる			
101	listen	発 [lísən] リスン	《listen to … で》…を聞く			
102	feel	[fíːl] ふィーる	を感じる			

位置を表す語

103	front	発 [frʌ́nt] ふラント	正面			
104	side	[sáɪd] サイド	側(面)			
105	back	[bǽk] バぁク	うしろ			
106	top	[táːp] タップ	頂上			
107	right	[ráɪt] ライト	右の			
108	left	[léft] れふト	左の			

手に入れる・与える

109	get	[gét] ゲット	を得る			
110	take	[téɪk] テイク	を取る			
111	give	[gív] ギヴ	を与える			

変化する

112	turn	発 [tə́ːrn] タ〜ン	(振り)向く			
113	change	発 [tʃéɪndʒ] チェインヂ	変わる			
114	become	[bɪkʌ́m] ビカム	になる			

数量を表す語

115	many	[méni] メニ	(数が)多くの			
116	much	[mʌ́tʃ] マッチ	(量が)たくさんの			
117	few	[fjúː] ふユー	(数が)ほとんどない			
118	little	[lítəl] リトゥる	(量が)ほとんどない			
119	some	[sʌ́m] サム	いくらかの			
120	any	[éni] エニ	《疑問文, if 節で》いくらかの			

Answers

97 see　98 look　99 Watch　100 hear　101 Listen　102 feel　103 front　104 side
105 back　106 top　107 right　108 left　109 got　110 Take　111 gave　112 turned
113 changed　114 became　115 many　116 much　117 few　118 little　119 some　120 any

そこで何が見えましたか。	What did you ＿＿＿＿ there?
彼は振り返って私を見た。	He turned to ＿＿＿＿ at me.
私をよく見て。やって見せるわ。	＿＿＿＿ me. I'll show you.
デビー。私の声が聞こえるかい。	Debbie! Can you ＿＿＿＿ me?
注意して私の言うことを聞きなさい。	＿＿＿＿ to me carefully.
今日，私は寂しく感じる。	I ＿＿＿＿ lonely today.
彼は正面を見た。	He looked to the ＿＿＿＿.
運転手席側に座ってください。	Sit on the driver's ＿＿＿＿, please.
うしろにいなさい。	Stay in the ＿＿＿＿.
彼らはいつ頂上に到達しましたか。	When did they reach the ＿＿＿＿?
彼女は私の右側に座った。	She sat on my ＿＿＿＿ side.
彼は左の腕を骨折した。	He broke his ＿＿＿＿ arm.
彼女は雑誌から情報を得た。	She ＿＿＿＿ the information from magazines.
テーブルから小銭を取りなさい。	＿＿＿＿ the coins from the table.
私は彼にヒントを与えた。	I ＿＿＿＿ him a hint.
彼は振り向いて私を見た。	He ＿＿＿＿ and looked at me.
スーザンはずいぶん変わった。	Susan has ＿＿＿＿ a lot.
昨年，彼女は先生になった。	She ＿＿＿＿ a teacher last year.
彼はロンドンで多くの写真を撮った。	He took ＿＿＿＿ pictures in London.
私は勉強する時間がたくさんあった。	I had ＿＿＿＿ time to study.
駐車できる場所がほとんどない。	There are ＿＿＿＿ places to park.
今年の夏はほとんど雨が降らなかった。	We had ＿＿＿＿ rain this summer.
私はそこで何人かの外国人と話した。	I talked to ＿＿＿＿ foreigners there.
モーツァルトのCDを何枚か持っていますか。	Do you have ＿＿＿＿ Mozart CDs?

感情を含む語

			意　味	1回目	2回目	3回目
121	help	[hélp] へるプ	(を)手伝う			
122	thank	[θǽŋk] さぁンク	に感謝する			
123	welcome	[wélkəm] ウェるカム	を歓迎する			
124	worry	[wə́:ri] ワリ	心配する			

発話する

125	say	[séɪ] セイ	言う			
126	tell	[tél] テる	(を)話す			
127	talk	発 [tɔ́:k] トーク	話す			
128	speak	[spí:k] スピーク	話す			

人に関する語

129	man	[mǽn] マぁン	男			
130	woman	[wúmən] ウマン	女			
131	child	[tʃáɪld] チャイるド	子ども			
132	friend	発 [frénd] ふレンド	友人			

美しい・かわいい

133	beautiful	[bjú:təfəl] ビューティふる	美しい			
134	pretty	[príti] プリティ	かわいい			
135	cute	[kjú:t] キュート	かわいい			

思考する・欲する

136	think	[θíŋk] すィンク	(と)思う			
137	believe	ア [bɪlí:v] ビリーヴ	(を)信じる			
138	know	発 [nóʊ] ノウ	(を)知っている			
139	understand	ア [ʌndərstǽnd] アンダスタぁンド	がわかる			
140	like	[láɪk] らイク	を好む			
141	want	[wʌ́nt] ワント	～したい			
142	hope	[hóʊp] ホウプ	～したいと思う			
143	need	[ní:d] ニード	を必要とする			
144	long	[lɔ́(:)ŋ] ろ(ー)ング	《long for ... で》…を切望する			

Answers

121 helped　122 thanked　123 welcomed　124 worrying　125 said　126 tell　127 talked　128 speaks
129 man　130 woman　131 child　132 friends　133 beautiful　134 pretty　135 cute　136 think
137 believe　138 know　139 understand　140 like　141 wants　142 hope　143 need
144 longs

彼は私の宿題を**手伝ってくれた**。	He ＿＿＿＿＿＿ me with my homework.
彼女は彼が来てくれたこと**に感謝した**。	She ＿＿＿＿＿＿ him for coming.
玄関で私は彼ら**を歓迎した**。	I ＿＿＿＿＿＿ them at the door.
心配するのはやめなよ——うまくいくから。	Stop ＿＿＿＿＿＿ — you'll be fine.

彼は「私はカナダの出身です」**と言った**。	He ＿＿＿＿＿＿, "I'm from Canada."
彼女はジョンにそのことを**話さなかった**。	She didn't ＿＿＿＿＿＿ John about that.
授業のあと，私は彼と**話した**。	I ＿＿＿＿＿＿ to him after class.
トムはとてもじょうずに中国語を**話す**。	Tom ＿＿＿＿＿＿ Chinese very well.

彼女は若い**男性**を見かけた。	She saw a young ＿＿＿＿＿＿.
マリーは非常に成功した**女性**だ。	Marie is a very successful ＿＿＿＿＿＿.
どこかで**子ども**が泣いている。	A ＿＿＿＿＿＿ is crying somewhere.
彼にはたくさんの**友人**がいる。	He has a lot of ＿＿＿＿＿＿.

だれもがその山は**美しい**と言う。	Everyone says the mountain is ＿＿＿＿＿＿.
メアリーはとても**かわいい**。	Mary is so ＿＿＿＿＿＿.
彼女はとても**かわいい**ネコを飼っている。	She has a very ＿＿＿＿＿＿ cat.

そのとおりだ**と思う**。	I ＿＿＿＿＿＿ you're right.
彼は私**を信じ**なかった。	He didn't ＿＿＿＿＿＿ me.
彼女はマーティンが来るの**を知ら**なかった。	She didn't ＿＿＿＿＿＿ Martin was coming.
すみませんが，**わかり**ません。	I'm sorry, I don't ＿＿＿＿＿＿.
私は彼らの音楽が**好きだ**。	I ＿＿＿＿＿＿ their music.
彼はあなたに会い**たがっている**。	He ＿＿＿＿＿＿ to meet you.
またお会い**したいです**。	I ＿＿＿＿＿＿ to see you again.
何かお手伝い**を必要としています**か。	Do you ＿＿＿＿＿＿ any help?
だれもが平和**を切望している**。	Everyone ＿＿＿＿＿＿ for peace.

状態や性質などを表す語

			意　味	1回目	2回目	3回目
145	popular	㋐ [pá:pjələr] パピュら	人気のある			
146	favorite	発 ㋐ [féɪvərət] ふェイヴァリット	お気に入りの			
147	clean	[klíːn] クリーン	きれいな			
148	easy	[íːzi] イーズィ	簡単な			
149	true	[trúː] トルー	本当の			
150	sure	[ʃúər] シュア	確信して			
151	early	発 [ɔ́ːrli] ア〜リ	早く			
152	late	[léɪt] れイト	遅い			
153	great	[gréɪt] グレイト	偉大な			

人と関わる

154	meet	[míːt] ミート	に会う			
155	visit	[vízət] ヴィズィト	を訪問する			
156	invite	㋐ [ɪnváɪt] インヴァイト	を招待する			

重さ・明るさを表す語

157	heavy	[hévi] ヘヴィ	重い			
158	light	[láɪt] らイト	明るい			
159	bright	[bráɪt] ブライト	明るい			
160	dark	[dáːrk] ダーク	暗い			

手を使う動作

161	use	発 動 [júːz] ユーズ 名 [júːs] ユース	を使う			
162	hold	[hóʊld] ホウるド	(手に)を持つ			
163	touch	発 [tʌ́tʃ] タッチ	(に)触れる			
164	push	[púʃ] プッシュ	(を)押す			
165	catch	[kætʃ] キぁッチ	をつかまえる			
166	throw	[θróʊ] すロウ	(を)投げる			
167	brush	[brʌ́ʃ] ブラッシュ	(ブラシで)を磨く			
168	shake	[ʃéɪk] シェイク	を振る			

145 popular　146 favorite　147 clean　148 easy　149 true　150 sure　151 early　152 late
153 great　154 meet　155 visited　156 invite　157 heavy　158 light　159 bright　160 dark
161 use　162 hold　163 touch　164 push　165 caught　166 Throw　167 Brush　168 shake

これは**人気のある**スペイン料理店です。	This is a _____ Spanish restaurant.
あなたの**お気に入りの**映画を教えてください。	Please tell me your _____ movie.
手は**きれい**ですか。	Are your hands _____?
このケーキは作るのが**簡単**だ。	This cake is _____ to make.
それは**本当の**話ですか。	Is that a _____ story?
あなたは大丈夫だと私は**確信している**。	I'm _____ you'll be all right.
私たちは**早く**そこに着かなくては。	We'll have to get there _____.
私は**遅い**朝食を食べた。	I had a _____ breakfast.
彼は**偉大な**科学者だ。	He is a _____ scientist.

図書館の外であなた**にお会い**しましょう。	I'll _____ you outside the library.
彼はシアトルのいとこ**を訪問した**。	He _____ his cousins in Seattle.
パーティーにジェーン**を招待し**ましょう。	Let's _____ Jane to the party.

この**重い**箱は運べない。	I can't carry this _____ box.
私の髪の毛の色は**明るい**茶色です。	My hair color is _____ brown.
今夜は月が**明るい**。	The moon is _____ tonight.
私たちが到着したときは**暗かった**。	It was _____ when we arrived.

電話**を使って**もいいですか。	Can I _____ your phone?
かばん**を持って**いていただけますか。	Could you _____ my bag?
その古いピアノ**に触れ**ないでください。	Please don't _____ the old piano.
４番**を押して**いただけますか。	Can you _____ number four, please?
私はたくさんの魚**をつかまえた**。	I _____ a lot of fish.
ほら。ボール**を投げて**。	Come on. _____ the ball.
昼食後には歯**を磨いて**。	_____ your teeth after lunch.
ボトル**を振ら**ないで。	Don't _____ the bottle.

about / around / before / after / by / near / beside イラストで覚える前置詞③

			意 味	1回目	2回目	3回目
169 170	about	[əbáut] アバウト	～のあちこちに / ～について			
171 172	around	[əráund] アラウンド	(かどなど)を曲がって / ～のまわりに			
173	before	[bifɔ́:r] ビふォア	～の前に			
174 175	after	[ǽftər] あふタ	～のあとで / ～のあとに			
176 177 178	by	[bái] バイ	～のそばに / 《時間・期限》～までに / ～によって			
179	near	[níər] ニア	～の近くに			
180	beside	[bisáid] ビサイド	～のそばに			

over / above / under / below / between / among / toward イラストで覚える前置詞④

			意 味	1回目	2回目	3回目
181 182 183	over	[óuvər] オウヴァ	～の上に / ～を越えて / ～より多く			
184 185	above	[əbʌ́v] アバヴ	～の上に / 《程度》～より上で			
186 187	under	[ʌ́ndər] アンダ	～の下に / ～未満で			
188 189	below	[bilóu] ビろウ	～の下に / 《教量・程度》～より下で			
190	between	[bitwí:n] ビトウィーン	～のあいだに			
191	among	[əmʌ́ŋ] アマング	～のあいだで			
192	toward	[tɔ́:rd] トード	～のほうへ			

169 about   170 about   171 around   172 around   173 before   174 after   175 after   176 by
177 by   178 by   179 near   180 beside   181 over   182 over   183 over   184 above
185 above   186 under   187 under   188 below   189 below   190 between   191 among   192 toward

何百人もの観光客がその町の**あちこちを**歩き回っている。	Hundreds of tourists are walking _____ the town.
何**について**話しているの。	What are you talking _____ ?
バス停はちょうどかど**を曲がったところ**だ。	The bus stop is just _____ the corner.
話を聞くために，私たちはみんな先生**のまわりに**座った。	We all sat _____ the teacher to listen to her story.
彼女は鏡**の前に**立って，自分を見た。	She stood _____ the mirror and looked at herself.
昼食**のあとで**会議をしましょう。	Let's have the meeting _____ lunch.
私**のあとに**くり返してください。	Please repeat _____ me.
彼女は窓**のそばに**立っている。	She is standing _____ the window.
明日**までに**その仕事を終えなさい。	Finish the work _____ tomorrow.
このシャツはイタリア人のデザイナー**によって**デザインされた。	This shirt was designed _____ an Italian designer.
彼は駅**の近くに**住んでいる。	He lives _____ the station.
奇妙な男が彼女**のそばに**座った。	A strange man sat _____ her.

彼らは頭**の上に** UFO を見た。	They saw a UFO _____ their heads.
牛は壁**をとび越える**ことはできない。	A cow cannot jump _____ a wall.
海岸までは 1 キロ**よりも**遠い。	It's _____ a kilometer to the beach.
太陽が地平線**の上に**昇った。	The sun rose _____ the horizon.
彼のテストの点は平均**より上**だった。	His test scores were _____ average.
私はテーブル**の下に**ネコを見た。	I saw the cat _____ the table.
16 歳**未満の**人は誰でもそれがわかる。	Anyone _____ sixteen can see it.
この線**の下に**書いてはいけません。	Don't write _____ this line.
今日の気温は零**下**4 度だ。	The temperature today is four degrees _____ zero.
私はティムとケン**のあいだに**座った。	I sat _____ Tim and Ken.
この歌手は少女たち**のあいだで**人気がある。	This singer is popular _____ young girls.
彼は城**のほうへ**歩いていた。	He was walking _____ the castle.

25

接続詞

			意　味	1回目	2回目	3回目
193	and	[ǽnd] **アンド**	そして			
194	but	[bʌ́t] **バット**	しかし			
195	or	[ɔ́ːr] **オーア**	～または…			
196	because	発 [bɪkʌ́z] **ビコーズ**	なぜなら～だから			
197	if	[íf] **イふ**	もしも～ならば			

金銭・取引に関する動詞

			意　味	1回目	2回目	3回目
198	buy	発 [báɪ] **バイ**	を買う			
199	sell	[sél] **セる**	を売る			
200	spend	[spénd] **スペンド**	を費やす			
201	waste	発 [wéɪst] **ウェイスト**	を費やす			
202	exchange	ア [ɪkstʃéɪndʒ] **イクスチェインヂ**	を交換する			
203	own	発 [óʊn] **オウン**	を所有する			
204	share	[ʃéər] **シェア**	を分け合う			

時・順序を表す語

			意　味	1回目	2回目	3回目
205	just	[dʒʌ́st] **ヂャスト**	ちょうど			
206	then	[ðén] **ゼン**	それから			
207	ago	[əɡóʊ] **アゴウ**	(今から)～前に			
208	last	[lǽst] **らぁスト**	最後の			
209	later	[léɪtər] **れイタ**	あとで			
210	once	発 [wʌ́ns] **ワンス**	一度			

休む・眠る・起きる

			意　味	1回目	2回目	3回目
211	lie	発 [láɪ] **らイ**	横たわる			
212	lay	発 [léɪ] **れイ**	を横たえる			
213	rest	[rést] **レスト**	休む			
214	sleep	[slíːp] **スリープ**	眠る			
215	wake	[wéɪk] **ウェイク**	目を覚ます			
216	sit	[sít] **スィット**	座る			

Answers

193 and　194 but　195 or　196 because　197 if　198 buy　199 sold　200 spent
201 waste　202 exchanged　203 owns　204 shared　205 just　206 then　207 ago
208 last　209 later　210 once　211 lay　212 laid　213 rest　214 sleep　215 woke
216 sitting

私たちは働き，**そして**家に帰るだけだ。	We just work _____ go home.
その映画は短かった**が**おもしろかった。	The movie was short _____ interesting.
紅茶**または**コーヒーはいかがですか。	Would you like tea _____ coffee?
君が遅れてきた**から**，僕は怒っているんだ。	I'm angry _____ you're late.
もしも雨が降るよう**ならば**，私たちは家にいるつもりです。	We'll stay home _____ it rains.

そのドレスはどこで**買った**の。	Where did you _____ that dress?
彼女は自分の車**を売った**。	She _____ her car.
私は宿題に何時間も**費やした**。	I _____ hours on my homework.
ゲームに時間**を費やす**な。	Don't _____ your time on games.
私たちは若者たちと意見**を交換した**。	We _____ ideas with young people.
フォード氏は2頭の馬**を所有している**。	Mr. Ford _____ two horses.
私は彼女とサラダ**を分け合った**。	I _____ the salad with her.

ちょうどメールのメッセージを読んだところだ。	I've _____ read your email message.
それから彼は何て言ったの。	What did he say _____?
私たちは2年**前**に出会った。	We met two years _____.
私は**最後**の問題に答えられなかった。	I couldn't answer the _____ question.
それについては**あとで**あなたに話すつもりです。	I'll tell you about it _____.
もう**一度**それを試してみよう。	Let's try it _____ again.

赤ちゃんはベッドの上に**横たわっていた**。	The baby _____ on the bed.
彼女はそこに赤ちゃん**を横たえた**。	She _____ her baby there.
ここで**休もう**。	Let's _____ here.
昨晩は**眠れ**なかった。	I couldn't _____ last night.
私は7時に**目を覚ました**。	I _____ up at seven.
彼らは床に**座っていた**。	They were _____ on the floor.

DATE · ·

旅行・交通に関する語

			意　味	1回目	2回目	3回目
217	tour	発 [túər] トゥア	(周遊・視察の)旅行			
218	travel	[trǽvəl] トラぁヴる	旅行する			
219	trip	[tríp] トリップ	(小)旅行			
220	voyage	発 [vɔ́ɪɪdʒ] ヴォイィヂ	船旅			
221	course	発 [kɔ́ːrs] コース	進路			
222	flight	発 [fláɪt] ふらイト	飛行(便)			
223	drive	[dráɪv] ドライヴ	運転する			
224	ride	[ráɪd] ライド	(乗り物・馬に)乗る			

終わる・終える

225	leave	発 [líːv] リーヴ	(を)去る			
226	end	[énd] エンド	終わる			
227	finish	[fínɪʃ] ふィニッシュ	を終える			
228	stop	[stάːp] スタップ	止まる			

代名詞

229	someone	[sʌ́mwʌ̀n] サムワン	だれか			
230	anyone	[éniwʌ̀n] エニワン	《疑問文・if 節で》だれか			
231	something	[sʌ́mθɪ̀ŋ] サムすィング	何か			
232	anything	[éniθɪ̀ŋ] エニすィング	《疑問文・if 節で》何か			
233	everyone	[évriwʌ̀n] エヴリワン	みんな			
234	everything	[évriθɪ̀ŋ] エヴリすィング	すべてのもの			
235	nobody	[nóʊbədi] ノウバディ	だれも~ない			
236	nothing	[nʌ́θɪŋ] ナッすィング	何も~ない			
237	none	発 [nʌ́n] ナン	だれも~ない			

ごみに関する語

238	garbage	[gάːrbɪdʒ] ガービヂ	ごみ			
239	trash	[trǽʃ] トラぁッシュ	ごみ			
240	plastic	[plǽstɪk] プらぁスティック	ビニール製の			

nswers

217 tour　218 travel　219 trip　220 voyage　221 course　222 flight　223 drove　224 ride
225 left　226 end　227 finish　228 Stop　229 someone　230 anyone　231 something　232 anything
233 everyone　234 Everything　235 Nobody　236 nothing　237 None　238 garbage　239 trash　240 plastic

28

私たちは中国**旅行**をした。	We made a ＿＿＿＿＿＿ of China.
外国**旅行**したい。	I'd like to ＿＿＿＿＿＿ abroad.
彼らは修学**旅行**に行った。	They went on a school ＿＿＿＿＿＿.
インドへの**船旅**はとてもおもしろかった。	The ＿＿＿＿＿＿ to India was exciting.
船は**進路**を変えた。	The ship changed its ＿＿＿＿＿＿.
私は福岡行きの**飛行便**を予約した。	I reserved a ＿＿＿＿＿＿ to Fukuoka.
彼は大阪から名古屋まで**運転した**。	He ＿＿＿＿＿＿ from Osaka to Nagoya.
私の息子は自転車に**乗れ**ない。	My son cannot ＿＿＿＿＿＿ a bike.
彼女は東京**を去り**，パリへ向かった。	She ＿＿＿＿＿＿ Tokyo for Paris.
このドラマはどんなふうに**終わる**だろうか。	How will this drama ＿＿＿＿＿＿?
我々はすぐにその仕事**を終え**なくてはならない。	We must ＿＿＿＿＿＿ the work soon.
赤信号では**止まれ**。	＿＿＿＿＿＿ at the red light.
私の部屋に**だれか**いる。	There's ＿＿＿＿＿＿ in my room.
昨日**だれか**あなたに電話してきましたか。	Did ＿＿＿＿＿＿ call you yesterday?
目の中に**何か**がある。	There's ＿＿＿＿＿＿ in my eye.
私に**何か**できることはありますか。	Is there ＿＿＿＿＿＿ I can do?
みんな出かける準備はできているかい。	Is ＿＿＿＿＿＿ ready to go?
テーブルの上にある**すべてのもの**がおいしそうだ。	＿＿＿＿＿＿ on the table looks good.
家には**だれもいなかった**。	＿＿＿＿＿＿ was home.
この箱の中には**何もない**。	There's ＿＿＿＿＿＿ in this box.
彼らの**だれも**日本語を話さ**なかった**。	＿＿＿＿＿＿ of them spoke Japanese.
ごみを出しておいてくれる？	Take out the ＿＿＿＿＿＿, will you?
その袋に**ごみ**を入れて。	Put the ＿＿＿＿＿＿ in that bag.
ビニール袋を持ち込まないでください。	Please don't bring ＿＿＿＿＿＿ bags.

DATE・・

感情を含む動詞

			意　味	1回目	2回目	3回目
241	care	[kéər] ケア	気にする			
242	please	[plíːz] プリーズ	を喜ばせる			
243	trouble	発 [trʌ́bəl] トラブる	を悩ます			
244	excuse	発 ア 動 [ɪkskjúːz] イクスキューズ 名 [ɪkskjúːs] イクスキュース	を許す			
245	pardon	[páːrdən] パードン	を許す			

身体・健康に関する語

246	health	発 [hélθ] へるす	健康			
247	heart	発 [háːrt] ハート	心臓			
248	tooth	発 [túːθ] トゥーす	歯			
249	cancer	[kǽnsər] キぁンサ	がん			

食事に関する語

250	hunger	[hʌ́ŋgər] ハンガ	飢え			
251	thirsty	[θə́ːrsti] さ〜スティ	のどが渇いた			
252	supper	[sʌ́pər] サパ	夕食			

方角・場所を表す語

253	east	[íːst] イースト	東			
254	west	[wést] ウェスト	西			
255	south	[sáuθ] サウす	南			
256	north	[nɔ́ːrθ] ノーす	北			
257	outside	[àutsáid] アウトサイド	外側			
258	inside	[ínsaid] インサイド	内側			

状態や性質を表す語

259	wrong	発 [rɔ́(ː)ŋ] ロ(ー)ング	間違った			
260	strange	[stréindʒ] ストレインヂ	奇妙な			
261	tired	[táiərd] タイアド	疲れた			
262	dangerous	ア [déindʒərəs] デインヂャラス	危険な			
263	terrible	[térəbəl] テリブる	恐ろしい			
264	well	[wél] ウェる	うまく			

241 cares　242 pleased　243 trouble　244 excuse　245 pardon　246 health　247 heart　248 teeth
249 cancer　250 hunger　251 thirsty　252 supper　253 east　254 west　255 south　256 north
257 outside　258 inside　259 wrong　260 strange　261 tired　262 dangerous　263 terrible　264 well

30

だれがそのニュースを**気にする**の？	Who _____ about that news?
私たちはその贈り物をとても**喜んで**いる。	We're very _____ with that gift.
彼のことばは私たち**を悩ます**。	His words _____ us.
私のまちがい**を許して**ください。	Please _____ me for my mistake.
遅れて来たこと**を許して**ください。	Please _____ me for coming late.

喫煙は**健康**に悪い。	Smoking is bad for your _____.
ヨガは**心臓**によい。	Yoga is good for the _____.
歯の間に何かある。	There is something between my _____.
祖父が**がん**になった。	My grandfather has _____.

多くの人が**飢え**で死んだ。	Many people died of _____.
私たちは歩いたあと，**のどが渇いた**。	We got _____ after our walk.
夕食は何ですか。	What's for _____?

太陽は**東**から昇る。	The sun rises in the _____.
太陽は**西**に沈む。	The sun sets in the _____.
その窓は**南**に面している。	The window faces the _____.
この鳥たちは**北**からやって来た。	These birds came from the _____.
外から雑音が入って来た。	Noises came from the _____.
その果物の**内側**はとても柔らかい。	The fruit's _____ is very soft.

あなたの答えは**間違って**いる。	Your answer is _____.
彼は家にいない。それは**奇妙**だ。	He isn't home. That's _____.
疲れているようですね。	You look _____.
この川は**危険**だ。	This river is _____.
それは**恐ろしい**戦争だった。	It was a _____ war.
彼は英語を**うまく**話す。	He speaks English _____.

31

副詞

			意　味	1回目	2回目	3回目
265	so	[sóʊ] ソウ	そのように			
266	too	[túː] トゥー	～もまた			
267	strongly	[strɔ́(ː)ŋli] ストロ(ー)ングリ	強く			
268	often	発 [ɔ́ːfən] オーふン	よく			

学習・知的活動をする

269	ask	[ǽsk] あスク	(を)尋ねる			
270	train	[tréɪn] トレイン	を訓練する			
271	show	[ʃóʊ] ショウ	を見せる			
272	explain	ア [ɪkspléɪn] イクスプれイン	(を)説明する			
273	mean	発 [míːn] ミーン	を意味する			
274	practice	[prǽktɪs] プラぁクティス	(を)練習する			
275	remember	ア [rɪmémbər] リメムバ	(を)覚えている			
276	forget	ア [fərgét] ふァゲット	(を)忘れる			

芸術に関する語

277	art	[ɑ́ːrt] アート	芸術			
278	poem	[póʊəm] ポウアム	(一編の)詩			
279	story	[stɔ́ːri] ストーリ	話			
280	fiction	[fíkʃən] ふィクション	作り話			
281	sound	[sáʊnd] サウンド	音			
282	sing	[síŋ] スィング	を歌う			

社会に関する語

283	country	発 [kʌ́ntri] カントリ	国			
284	public	[pʌ́blɪk] パブリック	公共の			

人に関する語

285	person	[pə́ːrsən] パ〜スン	人			
286	host	発 [hóʊst] ホウスト	主人			
287	nurse	発 [nə́ːrs] ナ〜ス	看護師			
288	astronaut	発 [ǽstrənɔ̀ːt] あストロノート	宇宙飛行士			

Answers

265 so	266 too	267 strongly	268 often	269 asked	270 trains	271 show	272 explain
273 mean	274 practice	275 remember	276 forgot	277 art	278 poem	279 story	280 fiction
281 sound	282 sing	283 countries	284 public	285 person	286 host	287 nurse	288 astronaut

「彼女は来るかな？」「私は**そう思う**」	"Will she come?" "I think _____."
ジム**もまた**ここに来ます。	Jim is coming here, _____.
彼女は彼の意見に**強く**同意している。	She _____ agrees with him.
私は**よく**公園に行く。	I _____ go to the park.

私は彼に家族について**尋ねた**。	I _____ him about his family.
彼はショーのためにサル**を訓練している**。	He _____ monkeys for a show.
あなたのパスポート**を見せて**ください。	Please _____ me your passport.
ルール**を説明して**いただけませんか。	Could you _____ the rules?
この語はどんな**意味**ですか。	What does this word _____?
君は毎日**練習する**必要がある。	You need to _____ every day.
私はまだその休暇のこと**を覚えている**。	I can still _____ that holiday.
私は彼女の名前**を忘れた**。	I _____ her name.

彼はフランスで**芸術**を学んでいる。	He is studying _____ in France.
この美しい**詩**を書いたのはだれですか。	Who wrote this beautiful _____?
彼女は私におもしろい**話**をした。	She told me an interesting _____.
この物語は真実ではない。**作り話**だよ。	The story isn't true. It's _____.
彼は背後に**物音**を聞いた。	He heard a _____ behind him.
もう一度その歌**を歌い**ましょう。	Let's _____ the song again.

| 彼は数多くの**国**を訪れたことがある。 | He has visited lots of _____. |
| **公共**の場所をきれいにしておこう。 | Let's keep _____ places clean. |

彼女はよい**人**だ。	She's a nice _____.
主人が客を出迎えた。	The _____ welcomed his guests.
私はこの病院の**看護師**だ。	I'm a _____ at this hospital.
彼は**宇宙飛行士**になりたいと思っている。	He wants to be an _____.

意義・状況を表す語

			意　味	1回目	2回目	3回目
289	important	🅰[impɔ́ːrtənt] イムポータント	重要な			
290	main	[méɪn] メイン	おもな			
291	special	[spéʃəl] スペシャる	特別の			
292	common	[ká:mən] カマン	共通の			
293	international	🅰[ìntərnǽʃənəl] インタナあショヌる	国際的な			
294	foreign	🅿[fɔ́:rən] ふァーリン	外国の			
295	native	[néɪtɪv] ネイティヴ	生まれた土地・国の			

時に関する語

296	soon	[súːn] スーン	すぐに			
297	already	🅰[ɔːlrédi] オーるレディ	すでに			
298	yet	[jét] イェット	《否定文で》まだ（〜ない）			
299	still	[stíl] スティる	《肯定文・疑問文で》まだ			
300	suddenly	🅰[sʌ́dnli] サドンリ	突然			

助動詞

301	can	[kǽn] キぁン	〜できる			
302	may	[méɪ] メイ	〜かもしれない			
303	must	[mʌ́st] マスト	〜しなければならない			
304	will	[wíl] ウィる	〜だろう			
305	shall	[ʃǽl] シャる	《Shall I do? で》〜しましょうか			
306	would	[wúd] ウド	よく〜したものだった			
307	should	[ʃúd] シュド	〜すべきである			

問題・目的・活動

308	matter	[mǽtər] マぁタ	問題			
309	problem	[prá:bləm] プラブれム	問題			
310	purpose	🅿🅰[pɔ́:rpəs] パ〜パス	目的			
311	plan	[plǽn] プらぁン	計画			
312	activity	[æktívɪti] あクティヴィティ	活動			

289 important　290 main　291 special　292 common　293 international　294 foreign　295 native
296 soon　297 already　298 yet　299 still　300 suddenly　301 can　302 may　303 must
304 will　305 Shall　306 would　307 should　308 matter　309 problem　310 purpose　311 plans
312 activities

この計画は私たちにとって**重要**だ。	This plan is ＿＿＿＿ for us.
彼の**おもな**興味はサッカーだ。	His ＿＿＿＿ interest is soccer.
あなたに**特別な**ものですよ。	Here's something ＿＿＿＿ for you!
ここの**共通語**は何ですか。	What is the ＿＿＿＿ language here?
ここで**国際**会議が開かれた。	An ＿＿＿＿ meeting was held here.
外国文化を学ぶことは楽しい。	Learning a ＿＿＿＿ culture is fun.
ジュリアの**母(国)**語はイタリア語だ。	Julia's ＿＿＿＿ language is Italian.
彼女は**すぐに**戻ります。	She will be back ＿＿＿＿.
映画は**すでに**始まっている。	The movie has ＿＿＿＿ started.
夕食は**まだ**準備できていない。	Dinner isn't ready ＿＿＿＿.
まだ雨が降っている。	It's ＿＿＿＿ raining.
電車が**突然**止まった。	The train ＿＿＿＿ stopped.
きっと勝つ**ことができる**よ。	I'm sure we ＿＿＿＿ win.
彼の話は本当**かもしれない**。	His story ＿＿＿＿ be true.
みんな昼食は持参**しなければならない**。	Everybody ＿＿＿＿ bring their lunch.
彼はまた遅れる**だろう**。	He ＿＿＿＿ be late again.
お手伝い**しましょうか**。	＿＿＿＿ I help you?
その頃は**よく踊ったものだった**。	I ＿＿＿＿ dance a lot then.
君は医者に診てもらう**べきだ**。	You ＿＿＿＿ see a doctor.
その**問題**について討論しよう。	Let's discuss the ＿＿＿＿.
1つ**問題**がある。	There is one ＿＿＿＿.
旅行の**目的**は何ですか。	What's the ＿＿＿＿ of your trip?
あなたの**計画**を変更しないでください。	Please don't change your ＿＿＿＿.
学校での**活動**はどのようなものですか。	What are some school ＿＿＿＿?

DATE ______ ・ ・

メディア・情報・通信

			意　味	1回目	2回目	3回目
313	book	[búk] ブック	本			
314	magazine	[mǽgəzìːn] マぁガズィーン	雑誌			
315	telephone	[ア] [téləfòʊn] テれふォウン	電話			
316	list	[líst] りスト	名簿			
317	message	[発] [mésɪdʒ] メスィヂ	伝言			
318	mail	[méɪl] メイる	郵便(物)			
319	call	[kɔ́ːl] コーる	(に)電話をかける			
320	letter	[létər] れタ	手紙			
321	paper	[péɪpər] ペイパ	紙			
322	news	[発] [n(j)úːz] ニュ[ニゥ]ーズ	知らせ			
323	program	[ア] [próʊgræm] プロウグラぁム	番組			
324	schedule	[発] [ア] [skédʒuːl] スケヂューる	予定			

against / during / behind / until / till / through / into イラストで覚える前置詞⑤

			意　味	1回目	2回目	3回目
325	against	[əgénst] アゲンスト	～に反対して			
326			～に寄り掛かって			
327			～を背景にして			
328	during	[dɔ́ːrɪŋ] ダ～リング	～のあいだずっと			
329			～のあいだに			
330	behind	[bɪháɪnd] ビハインド	～のうしろに			
331			～に遅れて			
332	until / till	[əntíl]/[tíl] アンティる/ティる	～まで(ずっと)			
333			《否定文で》～まで(…しない)			
334	through	[θrúː] すルー	～を通り抜けて			
335			～のあいだずっと			
336	into	[íntə] イントゥ	～の中に			

Answers

313 books　314 magazine　315 telephone　316 list　317 message　318 mail　319 call　320 letter
321 paper　322 news　323 program　324 schedule　325 against　326 against　327 against　328 during
329 during　330 behind　331 behind　332 until　333 till　334 through　335 through　336 into

ブラジルに関する**本**を探している。	I'm looking for _____ on Brazil.
この**雑誌**を買いたい。	I want to buy this _____.
真夜中に**電話**が鳴った。	The _____ rang at midnight.
名簿に私の名前はなかった。	My name wasn't on the _____.
あなたへの**伝言**があります。	I have a _____ for you.
私あての**郵便**はありましたか。	Was there any _____ for me?
明日あなた**に電話をかけ**ます。	I'll _____ you tomorrow.
この**手紙**を郵送してもらえますか。	Could you mail this _____?
紙の両面を使って。	Use both sides of the _____.
あなたにいい**知らせ**があるよ。	I have good _____ for you.
クジラについての**番組**を見た。	I watched a _____ about whales.
私たちは**予定**どおりに到着するはずだ。	We will arrive on _____.

上司は私の考え**に反対して**いる。	My boss is _____ my idea.
彼はその木**に寄り掛かった**。	He leaned _____ the tree.
君の写真を撮るよ。壁**を背景にして**立ってください。	I'll take your photo. Please stand _____ the wall.
パーティー**のあいだずっと**，彼はアンと話し続けた。	He kept talking with Ann _____ the party.
私は夏休み**のあいだに**祖父母を訪ねた。	I visited my grandparents _____ the summer vacation.
その小さな男の子は母親**のうしろに**隠れた。	The little boy hid _____ his mother.
列車は予定より20分**遅れて**着いた。	The train arrived 20 minutes _____ schedule.
4時**まで**待とう。	I'll wait _____ four o'clock.
この店は11時**まで**開かない。	This store doesn't open _____ eleven.
電車はトンネル**を通り抜け**た。	The train went _____ a tunnel.
私は夜**のあいだずっと**働いた。	I worked _____ the night.
すぐに長いトンネル**の中に**入るよ。	We will go _____ a long tunnel soon.

復習：記憶に定着していない語をまとめて覚えよう

		意　味			

Level 2

No. 337-672

中学で学ぶ基本単語

（336 語）

中学校で学ぶ基本単語を中心に，英文によく使われる重要単語があつめられています。
また基本動詞の使い方について，用例がまとめてあるので確認しておきましょう。

ここで学ぶ単語の種類

- すべて・一部を指す語
- よい状態・性質を表す語
- 勝負などに関する語
- 産業・経済に関する語
- 基本動詞① come
- 基本動詞② go
- 性質・状態を表す語
- 与える・得る
- 動植物に関する語
- 学校の種類
- 基本動詞③ give
- 基本動詞④ get
- 変化する・継続する
- 余暇に関する語
- 建築物・場所に関する語
- 基本動詞⑤ take
- 基本動詞⑥ have
- 集団・社会に関する語
- 移動する
- 自然・天文に関する語
- 言語・思考に関する語
- 思考する・判断する
- 基本動詞⑦ keep
- 基本動詞⑧ make
- 生活に関する語
- 接続詞
- 時に関する語
- 方向を表す語
- 数を限定する語
- 生活に関する動詞
- 天候に関する語
- 数量・割合を表す語
- 時に関する語
- 学校に関する語
- 食事に関する語
- ひろがり・速さを表す語
- 生活に関する動詞
- イベントに関する語
- 形・部分などを表す語
- 交通機関に関する語
- 想像する・認知する
- よくないイメージをもつ名詞
- コミュニケーションに関する語
- 知的活動をする
- 人に働きかける・受け入れる
- 状態・性質を表す語
- よいイメージをもつ名詞
- 生産的な活動をする
- 増減・上下の動きをする
- 語根 duce（引いて導く）で覚える語

DATE　　　　・　・

チェックボックスの左側は音声チェック欄，右側は音読チェック欄として使おう

すべて・一部を指す語

			意　味	1回目	2回目	3回目
337	all	[ɔ́ːl] オーる	全部			
338	each	[íːtʃ] イーチ	それぞれ			
339	every	[évri] エヴリ	どの〜も			
340	both	発 [bóuθ] ボウす	両方			
341	either	発 [íːðər] イーざ	どちらか一方(の)			
342	neither	発 [níːðər] ニーざ	どちらも〜ない			
343	another	発 ア [ənʌ́ðər] アナざ	もうひとつの			
344	other	発 [ʌ́ðər] アざ	《the 〜で》もう一方の			
345	such	[sʌ́tʃ] サッチ	そのような			

よい状態・性質を表す語

346	careful	[kéərfəl] ケアふる	注意深い			
347	safe	[séif] セイふ	安全な			
348	kind	発 [káind] カインド	親切な			

勝負などに関する語

349	win	[wín] ウィン	(に)勝つ			
350	lose	発 [lúːz] るーズ	(に)負ける			
351	find	発 [fáind] ふァインド	を見つける			
352	miss	[mís] ミス	をしそこなう			
353	save	[séiv] セイヴ	(金)を貯める			
354	break	発 [bréik] ブレイク	を壊す			

産業・経済に関する語

355	business	発 [bíznis] ビズネス	仕事			
356	job	[dʒáːb] ヂャブ	仕事			
357	office	ア [áːfəs] アーふィス	事務所			
358	factory	[fǽktəri] ふぁクトリ	工場			
359	machine	ア [məʃíːn] マシーン	機械			
360	coin	[kɔ́in] コイン	硬貨			

337 all　338 each　339 Every　340 both　341 either　342 Neither　343 another　344 other
345 such　346 careful　347 safe　348 kind　349 win　350 lost　351 find　352 missed
353 save　354 broke　355 business　356 job　357 office　358 factory　359 machine　360 coins

40

私は自分のお金を**全部**使った。	I spent ＿＿＿＿＿ of my money.
私たちは**それぞれ**自分の車を持っている。	We ＿＿＿＿＿ have our own car.
どの生徒**も**テストを受けることになっている。	＿＿＿＿＿ student will take the test.
私は魚も肉も**両方**食べる。	I eat ＿＿＿＿＿ fish and meat.
ご飯かパンの**どちらか一方**を選びなさい。	Choose ＿＿＿＿＿ rice or bread.
スー**も**私**も**答えられ**なかった**。	＿＿＿＿＿ Sue nor I could answer.
もうひとつケーキをいただきましょう。	I'll have ＿＿＿＿＿ piece of cake.
もう一方の少年が私を笑った。	The ＿＿＿＿＿ boy laughed at me.
そのような話を信じてはいけない。	You shouldn't believe ＿＿＿＿＿ a story.

健康に**注意し**なさい。	Be ＿＿＿＿＿ about your health.
橋は**安全**には見えなかった。	The bridge didn't look ＿＿＿＿＿.
彼らは私にとても**親切**です。	They're very ＿＿＿＿＿ to me.

ゲーム**に勝つ**のはだれだろうか。	Who will ＿＿＿＿＿ the game?
彼らが試合**に負けて**私は残念だ。	I'm sorry they ＿＿＿＿＿ the game.
部屋のかぎ**を見つけ**られない。	I can't ＿＿＿＿＿ my room key.
今朝のニュース**を見逃した**。	I ＿＿＿＿＿ the news this morning.
彼はお金**を貯め**なければならない。	He must ＿＿＿＿＿ money.
ジャックがこのコンピュータ**を壊した**。	Jack ＿＿＿＿＿ this computer.

彼女は**仕事**でロンドンに行った。	She went to London on ＿＿＿＿＿.
仕事を楽しんでいますか。	Do you enjoy your ＿＿＿＿＿?
今，私は**事務所**にいます。	I'm in the ＿＿＿＿＿ now.
彼は靴**工場**で働いている。	He works at a shoe ＿＿＿＿＿.
あなたはこの**機械**を始動できますか。	Can you start this ＿＿＿＿＿?
私は 2，3 枚の**硬貨**を持っていた。	I had a few ＿＿＿＿＿.

基本動詞を用例でつかもう① come

		意　味	1回目	2回目
361	here comes	～がやってきた		
362	I'm coming	すぐ行くよ		
363	come to do	…するようになる		
364	come from ...	…の出身だ		
365	come across 人	～に偶然出会う		
366	come across 物	～を見つける		
367	come out	明らかになる		
368	come out of ...	…から出てくる		
369	come down	降りてくる		
370	come in	入る		
371	come along with ...	…といっしょに行く		
372	come up with ...	…を思いつく		

基本動詞を用例でつかもう② go

		意　味	1回目	2回目
373	go bad	悪くなる，腐る		
374	go -ing	～して移動する		
375	be gone	存在しない		
376	go away	なくなる		
377	to go	持ち帰り		
378	go out	外へ出る		
379	go back	戻る		
380	go up	上がる		
381	go down	降りる		
382	go on -ing	～し続ける		
383	go off	鳴る		
384	go through ...	…を経験する		

Answers

361 Here comes　362 I'm coming　363 came to　364 comes from
365 came across　366 came across　367 came out　368 came out of
369 coming down　370 come in　371 Come along with　372 came up with
373 went bad　374 went flying　375 gone　376 gone away
377 to go　378 go out　379 go back　380 went up
381 going down　382 went on　383 go off　384 went through

やっとバスが**来た**。	_____ _____ the bus at last.
「夕食ですよ」「すぐ**行くよ**」	"Dinner is ready." "_____ _____!"
私は刺身を好き**になった**。	I _____ _____ like sashimi.
彼女はテキサス州**の出身だ**。	She _____ _____ Texas.
私は変な男**に偶然出会った**。	I _____ _____ a strange man.
私は浜辺でこの古いコイン**を見つけた**。	I _____ _____ this old coin on the beach.
ついに真相が**明らかになった**。	The truth finally _____ _____.
私のネコは箱**から出てきた**。	My cat _____ _____ the box.
彼は階段を**降りてきていた**。	He was _____ _____ the stairs.
入っていいですか。	May I _____ _____?
私たち**といっしょに行こう**。	_____ _____ us.
彼女はある考え**を思いついた**。	She _____ _____ an idea.

これらのリンゴは**悪くなった**。	These apples _____ _____.
ボールは**飛んでいった**。	The ball _____ _____.
私の財布が**ない**。	My purse is _____!
頭痛はもうよくなりましたか（頭痛は**なくなりましたか**）。	Has your headache _____ _____ yet?
これを**持ち帰り**できますか。	Can I get this _____ _____?
昼ごはんを食べに**外へ出**ましょう。	Let's _____ _____ for lunch.
戻りましょう。	Let's _____ _____.
競技場から歓声が**上がった**。	A cheer _____ _____ from the stadium.
エレベーターが今**降りている**。	The elevator is _____ _____ now.
彼らは何時間も話し**続けた**。	They _____ _____ talking for hours.
私の時計は**鳴ら**なかった。	My clock didn't _____ _____.
彼女は多くの困難**を経験した**。	She _____ _____ many difficulties.

43

DATE　　　・　　　・

性質・状態を表す語

			意　味	1回目	2回目	3回目
385	simple	[símpəl] スィムプる	単純な			
386	difficult	[ア] [dífɪkəlt] ディふィカるト	難しい			
387	free	[fríː] ふリー	自由な			
388	soft	[sɔ́(ː)ft] ソ(ー)ふト	やわらかい			
389	hard	[hɑ́ːrd] ハード	難しい			
390	rich	[rítʃ] リッチ	金持ちの			
391	poor	[発] [púər] プア	貧しい			
392	silent	[発] [sáɪlənt] サイれント	沈黙した			
393	quiet	[kwáɪət] クワイエット	静かな			
394	wet	[wét] ウェット	ぬれた			

与える・得る

			意　味	1回目	2回目	3回目
395	present	[ア] [動] [prɪzént] プリゼント [名][形] [préznt] プレズント	を贈る			
396	collect	[ア] [kəlékt] カれクト	を集める			

動植物に関する語

			意　味	1回目	2回目	3回目
397	fish	[fíʃ] ふィッシュ	魚			
398	plant	[plǽnt] プらぁント	植物			
399	fruit	[発] [frúːt] フルート	果物			
400	wood	[発] [wúd] ウド	木			
401	leaf	[líːf] りーふ	葉			
402	flower	[発] [fláuər] ふらウア	花			

学校の種類

			意　味	1回目	2回目	3回目
403	kindergarten	[ア] [kíndərgɑ̀ːrtən] キンダガートン	幼稚園			
404	elementary school	[èləméntəri skúːl] エれメンタリ スクーる	小学校			
405	junior high school	[dʒúːnjər háɪ skúːl] ヂューニャ ハイ スクーる	中学校			
406	senior high school	[síːnjər háɪ skúːl] スィーニャ ハイ スクーる	高校			
407	college	[kɑ́ːlɪdʒ] カりヂ	(単科)大学			
408	university	[ア] [jùːnəvə́ːrsəti] ユーニヴァ〜スィティ	(総合)大学			

Answers

385 simple　386 difficult　387 free　388 soft　389 hard　390 rich　391 poor　392 silent
393 quiet　394 wet　395 presented　396 collects　397 fish　398 plants　399 fruit　400 wood
401 leaves　402 flowers　403 kindergarten　404 elementary school　405 junior high school
406 senior high school　407 college　408 university

単純な答えはない。	There is no _____ answer.
この本は**難し**すぎる。	This book is too _____.
私には**自由な**時間がない。	I don't have any _____ time.
私のベッドはとても**やわらかい**。	My bed is very _____.
数学のテストは本当に**難し**かった。	The math test was really _____.
彼女の家族はとても**金持ち**だ。	Her family is very _____.
彼らは**貧し**かったが，幸せだった。	They were _____ but happy.
学生全員が**沈黙**した。	All the students became _____.
ここは**静かな**場所だ。	This is a _____ place.
あなたの上着は**ぬれて**いる。	Your jacket is _____.

彼はメダル**を贈られた**。	He was _____ with a medal.
私の兄はいろいろなもの**を集めている**。	My brother _____ many things.

私は**魚**を食べません。	I don't eat _____.
自分の部屋に**植物**がある。	I have _____ in my room.
リンゴは私の好きな**果物**です。	Apples are my favorite _____.
床は**木**でできています。	The floor is made of _____.
葉が赤くなった。	The _____ have turned red.
庭に**花**がたくさんある。	Many _____ are in the garden.

妹は**幼稚園**に通い始めたばかりだ。	My sister has just started _____.
彼らは**小学校**で英語を勉強する。	They study English in _____ _____.
私は**中学**生です。	I'm a _____ student.
私は**高校**生です。	I am in _____ _____.
大学卒業後，彼は教師になった。	After _____, he became a teacher.
彼女は有名**大学**に行った。	She went to a famous _____.

DATE ・ ・

基本動詞を用例でつかもう③ give

		意 味	1回目	2回目
409	give ... a bath	…を風呂に入れる		
410	give ... a kiss	…にキスする		
411	give ... a cleaning	…をきれいに掃除する		
412	give ... a ride	…を車で送る		
413	give money	お金を使う		
414	give me a break	かんべんして		
415	give up ～	～をやめる		
416	give back ～	～を返す		
417	give in	降参する		
418	give ... a call	…に電話する		
419	give a speech	スピーチをする		
420	give birth to ...	…を産む		

基本動詞を用例でつかもう④ get

		意 味	1回目	2回目
421	get back	戻る		
422	get to ...	…に着く		
423	get home	帰宅する		
424	get sick	病気になる		
425	get late	遅くなる		
426	get married	結婚する		
427	get cold	寒くなる		
428	get up	起きる		
429	get on ... / get off ...	…に乗る／…から降りる		
430	get in ... / get out (of ...)	…に乗る／…から降りる		
431	get away from ...	…から逃げる		
432	get along with ...	…とうまくやる		

nswers

409 gave / a bath 410 gave / a kiss 411 give / a cleaning 412 give / a ride
413 gives money 414 Give / a break 415 gave up 416 give / back
417 gives in 418 give / a call 419 give a speech 420 gave birth to
421 Get back 422 got to 423 got home 424 got sick
425 getting late 426 got married 427 getting cold 428 get up
429 got on 430 got out of 431 got away from 432 getting along with

私は子どもたちを風呂に入れた。	I _____ the kids _____ .
ポールはリンにキスした。	Paul _____ Lynn _____ .
洗車してもらえますか。	Can you _____ the car _____ ?
そこまで車で送りましょう。	I'll _____ you _____ there.
彼は慈善事業にお金を使う。	He _____ to charity.
かんべんして（ひと休みさせて）。	_____ me _____ .
私の父はタバコをやめた。	My father _____ smoking.
あとで本を返すよ。	I'll _____ the book _____ later.
彼女は決して簡単に降参しない。	She never _____ easily.
私に電話してください。	Please _____ me _____ .
佐藤先生が明日スピーチをする。	Mr. Sato will _____ tomorrow.
彼女は男の子を産んだ。	She _____ a boy.

自分の席に戻りなさい。	_____ to your seat.
私は空港に着いた。	I _____ the airport.
夜中の 12 時ごろに帰宅した。	We _____ at about midnight.
彼女は病気になった。	She _____ .
遅くなってきましたね。	It's _____ .
彼らは去年結婚した。	They _____ last year.
外は冷えてきている。	It's _____ outside.
私はたいてい 7 時に起きる。	I usually _____ at seven.
子どもたちはスクールバスに乗った。	The kids _____ the school bus.
彼らは車から降りた。	They _____ the car.
彼らは警察から逃げた。	They _____ the police.
私はジュディとうまくやっている。	I'm _____ Judy.

変化する・継続する

			意　味	1回目	2回目	3回目
433	grow	[gróu] グ**ロ**ウ	成長する			
434	happen	[hǽpən] **ハ**ぁプン	起こる			
435	appear	発 ア [əpíər] ア**ピ**ア	現れる			
436	disappear	発 ア [dìsəpíər] ディサ**ピ**ア	見えなくなる			
437	continue	ア [kəntínju:] カン**ティ**ニュー	(を)続ける			
438	follow	ア [fá:lou] **ふァ**ろウ	(に)ついていく (くる)			

余暇に関する語

			意　味	1回目	2回目	3回目
439	holiday	ア [há:lədèi] **ハ**リデイ	休日			
440	fun	発 [fʌ́n] **ふァ**ン	楽しみ			
441	hobby	[há:bi] **ハ**ビ	趣味			
442	party	[pá:rti] **パ**ーティ	パーティー			
443	movie	[mú:vi] **ム**ーヴィ	映画			
444	camp	[kǽmp] **キぁ**ムプ	キャンプ			

建築物・場所に関する語

			意　味	1回目	2回目	3回目
445	home	[hóum] **ホ**ウム	家庭，自宅			
446	floor	[flɔ́:r] ふ**ロ**ーア	床			
447	roof	[rú:f] **ル**ーふ	屋根			
448	hall	[hɔ́:l] **ホ**ーる	廊下			
449	step	[stép] ス**テ**ップ	歩み			
450	stair	[stéər] ス**テ**ア	《(複)で》階段			
451	yard	[já:rd] **ヤ**ード	庭			
452	place	[pléis] プ**れ**イス	場所			
453	site	[sáit] **サ**イト	場所，用地			
454	corner	[kɔ́:rnər] **コ**ーナ	かど			
455	block	[blá:k] ブ**ら**ック	ブロック (＝街区)			
456	way	[wéi] **ウェ**イ	道			

Answers

433 grown　434 happened　435 appeared　436 disappeared　437 continued　438 followed　439 holiday
440 fun　441 hobbies　442 party　443 movies　444 camp　445 home　446 floor　447 roof
448 hall　449 step　450 stairs　451 yard　452 place　453 site　454 corner　455 blocks
456 way

君は本当に**成長した**。	You've really _____ .
それは木曜日に**起こった**。	It _____ on Thursday.
その男が**現れた**とき，彼女はほほえんだ。	She smiled when the man _____ .
太陽は雲に隠れて**見えなくなった**。	The sun _____ behind a cloud.
原油価格は上がり**続けた**。	Oil prices _____ to rise.
彼らは私たちのあとを車で**ついてきた**。	They _____ us in their car.

今日は国民の**休日**です。	Today is a national _____ .
みんなが**楽しんで**いることを願う。	I hope everyone's having _____ .
どんな**趣味**をお持ちですか。	What are your _____ ?
私は**パーティー**に招待されています。	I've been invited to a _____ .
古いハリウッド**映画**を見るのが大好きだ。	I love watching old Hollywood _____ .
さあ，**キャンプ**に行こう。	Let's go to the _____ now.

昨日は**家**でテレビを見ました。	I watched TV at _____ yesterday.
私は**床**の上で眠っていた。	I was sleeping on the _____ .
屋根の上にのぼらないで。	Don't climb on the _____ .
だれかが**廊下**をこちらへとやって来た。	Someone was coming down the _____ .
彼は**一歩**前に出た。	He took a _____ forward.
彼女は**階段**を上っていった。	She walked up the _____ .
彼らは**庭**で遊んでいます。	They are playing in the _____ .
私たちは滞在する**場所**を見つけた。	We found a _____ to stay.
彼は建築**現場**で働いている。	He works on a building _____ .
その**かど**にカフェがあります。	There's a café on the _____ .
ここから３**ブロック**歩きなさい。	Walk three _____ from here.
ビルはそこへの**道**を私に教えてくれた。	Bill showed me the _____ there.

DATE　　　　　　・　　　・

基本動詞を用例でつかもう⑤ take

		意　味	1回目	2回目
457	take a shower	シャワーを浴びる		
458	take a break	休憩を取る		
459	take a walk	散歩をする		
460	take a picture	写真を撮る		
461	take out ～	～を連れ出す		
462	take away ～	～を運び去る		
463	take off ～	～を脱ぐ		
464	take A for B	AをBだと思う		
465	take care of ...	…の世話をする		
466	take part in ...	…に参加する		
467	take place	行われる		
468	take a look at ...	…を見る		

基本動詞を用例でつかもう⑥ have

		意　味	1回目	2回目
469	have another drink	もう1杯飲む		
470	have a phone call	電話がかかってくる		
471	have a seat	座る		
472	have lunch	ランチを食べる		
473	have a bath	風呂に入る		
474	have a break	ひと休みする		
475	have a cold	かぜをひく		
476	have a good time	楽しい時を過ごす		
477	have no idea	わからない		
478	have something to do with ...	…と関係がある		
479	have nothing to do with ...	…と何の関係もない		
480	have only to do	～しさえすればよい		

457 take a shower　458 take a break　459 take a walk　460 take / picture
461 took / out　462 took / away　463 take off　464 took / for
465 took care of　466 took part in　467 take place　468 Take / look at
469 have another drink　470 had / phone calls　471 have a seat　472 having lunch
473 having a bath　474 have a break　475 had a cold　476 had a / time
477 have / idea　478 has something / do with　479 had nothing / do with　480 have only to

50

私は**シャワーを浴び**たいです。	I want to ....
休憩を取りましょう。	Let's ....
私は毎日**散歩をします**。	I .... every day.
写真を撮っていただけませんか。	Could you .... a .... of us?
マイクは彼女を夕食に**連れ出した**。	Mike .... her .... to dinner.
警察が彼の車**を運び去った**。	The police .... his car ....
靴**を脱いで**ください。	Please .... your shoes.
私は彼**を先生だと思った**。	I .... him .... a teacher.
私は彼のイヌ**の世話をした**。	I .... his dogs.
彼女はそのコンテスト**に参加した**。	She .... the contest.
会議はここで**行われる**予定だ。	The meeting will .... here.
この**写真を見て**みなさい。	.... a .... this picture.

もう 1 杯飲もう。	Let's ....
彼女に**電話がたくさんかかってきた**。	She's .... lots of ....
おかけになってください。	Please ....
私は今**ランチを食べ**ています。	I'm .... now.
私の息子は**風呂に入っている**。	My son is ....
ひと休みしませんか。	Shall we .... ？
彼は先週**かぜをひいていた**。	He .... last week.
私は昨日**楽しい時を過ごした**。	I .... good .... yesterday.
申し訳ないですが，**わかりません**。	I'm sorry, I .... no ....
その本は戦争**と関係がある**。	The book .... to .... war.
彼女はその事故**と何の関係もなかった**。	She .... to .... the accident.
君は一生懸命勉強**しさえすればよい**。	You .... study hard.

集団・社会に関する語

			意　味	1回目	2回目	3回目
481	village	発 ア [vílɪdʒ] ヴィリヂ	村			
482	neighbor	発 [néɪbər] ネィバ	となりの人			
483	address	[ǽdres] アドレス	住所			
484	history	ア [hístəri] ヒストリ	歴史			
485	peace	[píːs] ピース	平和			
486	culture	[kʌ́ltʃər] カるチャ	文化			
487	custom	[kʌ́stəm] カスタム	慣習			

移動する

488	move	発 [múːv] ムーヴ	動く			
489	arrive	ア [əráɪv] アラィヴ	着く			
490	pass	[pǽs] パぁス	通る			
491	cross	[krɔ́(ː)s] クロ(ー)ス	(を)横切る			
492	enter	[éntər] エンタ	(に)入る			

自然・天文に関する語

493	air	[éər] エア	空気			
494	land	[lǽnd] らぁンド	土地			
495	island	発 ア [áɪlənd] アイらンド	島			
496	earth	[ə́ːrθ] ア〜す	地球			
497	sun	[sʌ́n] サン	太陽			
498	planet	[plǽnət] プらぁニット	惑星			

言語・思考に関する語

499	sentence	ア [séntns] センテンス	文			
500	note	[nóʊt] ノウト	メモ			
501	subject	[sʌ́bdʒekt] サブヂェクト	学科			

思考する・判断する

502	seem	[síːm] スィーム	(〜のように)見える			
503	guess	発 [gés] ゲス	を推測する			
504	decide	ア [dɪsáɪd] ディサイド	を決める			

Answers

481 village	482 neighbor	483 address	484 history	485 peace	486 culture	487 customs	488 move
489 arrive	490 passed	491 Cross	492 enter	493 air	494 land	495 island	496 earth
497 sun	498 planet	499 sentence	500 notes	501 subject	502 seems	503 guess	504 decided

彼は小さな**村**を訪れた。	He visited the small ＿＿＿＿＿.
彼女は**となりの人**にケーキをあげた。	She gave her ＿＿＿＿＿ a cake.
あなたの**住所**は？	What's your ＿＿＿＿＿?
私は中国の**歴史**を学びたい。	I want to study Chinese ＿＿＿＿＿.
私たちは戦争ではなく，**平和**を望んでいる。	We want ＿＿＿＿＿, not war.
彼らはフランスの**文化**について学んだ。	They learned about French ＿＿＿＿＿.
私は彼らの**慣習**に慣れた。	I got used to their ＿＿＿＿＿.
列車が**動き**だした。	The train started to ＿＿＿＿＿.
正午に**着く**予定です。	They will ＿＿＿＿＿ at noon.
車が私の後ろを**通った**。	A car ＿＿＿＿＿ behind me.
あそこの通り**を横切って**ください。	＿＿＿＿＿ the street over there.
その大学**に入る**のは大変だ。	It's hard to ＿＿＿＿＿ that college.
ここの**空気**はきれいではない。	The ＿＿＿＿＿ here is not clean.
土地の価格が高い。	The price of ＿＿＿＿＿ is high.
日本は**島**国です。	Japan is an ＿＿＿＿＿ country.
地球は暖かくなっている。	The ＿＿＿＿＿ is getting warmer.
地球は**太陽**の周りを回っている。	The earth goes around the ＿＿＿＿＿.
一番大きな**惑星**は何ですか。	What is the biggest ＿＿＿＿＿?
私はその**文**を理解できなかった。	I didn't understand that ＿＿＿＿＿.
彼は**メモ**なしでスピーチをした。	He gave his speech without ＿＿＿＿＿.
あなたの一番好きな**学科**は何ですか。	What is your favorite ＿＿＿＿＿?
ケイティはその知らせに喜んでいる**ように見える**。	Katie ＿＿＿＿＿ happy at the news.
それが何か**を推測**してみて。	Try to ＿＿＿＿＿ what it is.
私はカナダに留学すること**を決めた**。	I ＿＿＿＿＿ to study in Canada.

DATE　　　・　　　・

基本動詞を用例でつかもう⑦ keep

		意　味	1回目	2回目
505	keep a secret	秘密を守る		
506	keep a diary	日記をつける		
507	keep order	秩序を守る		
508	keep ... in ～	…を～にしまっておく		
509	keep on -ing	～し続ける		
510	keep away from ...	…に近づかない		
511	keep ... from -ing	…に～させない		
512	keep up	続く		
513	keep up with ...	…に遅れずについていく		
514	keep in touch with ...	…と連絡を保つ		
515	keep ... in mind	…を心に留めておく		
516	keep an eye on ...	…から目を離さない		

基本動詞を用例でつかもう⑧ make

		意　味	1回目	2回目
517	make a suggestion	提案をする		
518	make a change	変更を加える		
519	be made to do	～させられる		
520	make it	うまくいく		
521	make a mistake	間違いをする		
522	make a noise	音をたてる		
523	make a decision	決定する		
524	make an effort	努力する		
525	make sure of ...	…を確かめる		
526	make friends with ...	…と親しくなる		
527	make up one's mind	決心する		
528	make fun of ...	…をからかう		

Answers

505 keep a secret　506 keep a diary　507 keep order　508 Keep / in
509 kept on　510 Keep away from　511 kept / from　512 kept up
513 Keep up with　514 keep / touch with　515 keep / in mind　516 Keep / eye on

あなたは**秘密を守れ**ますか。	Can you _____ _____ ?
私は**日記をつけている**。	I _____ .
秩序維持のために警察が到着した。	The police arrived to _____ _____ .
お金は**安全な場所にしまっておき**なさい。	_____ the money _____ a safe place.
彼女は物語を書き**続けた**。	She _____ writing stories.
あのイヌ**に近づかないで**。	_____ that dog.
彼は私にテレビを**見させなかった**。	He _____ me _____ watching TV.
いい天気が 2 日間**続いた**。	The fine weather _____ for two days.
世界のニュース**に遅れずについていき**なさい。	_____ world news.
君と連絡を保つよ。	I'll _____ in _____ you.
私はあなたの言葉**を心に留めておき**ます。	I'll _____ your words _____ .
自分のスーツケース**から目を離す**な。	_____ an _____ your suitcase.
提案をしてもよろしいでしょうか。	Can I _____ a _____ ?
スピーチに少し**変更を加えた**。	We _____ a few _____ to the speech.
我々はそこで**帰らされた**。	We were _____ leave there.
(何か成功したときに)**やったぞ**。	I _____ !
私は不注意な**間違いをした**。	I _____ a careless _____ .
そのネコは妙な**音をたてた**。	The cat _____ a strange _____ .
私たちはすぐに**決定する**必要がある。	We have to _____ soon.
私は試験に合格するために**努力した**。	I _____ an _____ to pass the exam.
日付**を確かめ**なさい。	_____ the date.
彼女はすぐに彼ら**と親しくなった**。	She _____ them quickly.
私は**決心する**ことができない。	I can't _____ my _____ .
弟(兄)**をからかう**な。	Don't _____ your brother.

517 make / suggestion　518 made / changes　519 made to　520 made it
521 made / mistake　522 made / noise　523 make a decision　524 made / effort
525 Make sure of　526 made friends with　527 make up / mind　528 make fun of

DATE ・ ・

生活に関する語

			意 味	1回目	2回目	3回目
529	store	[stɔ́:r] ストーア	店			
530	hospital	㋐ [há:spitəl] ハスピトる	(総合)病院			
531	clothes	発 [klóuz] クろウズ	衣服			
532	bath	[bǽθ] バぁす	入浴			
533	comb	発 [kóum] コウム	くし			
534	film	[fíləm] ふぃるム	映画			
535	gift	[gíft] ギふト	贈り物			
536	flag	[flǽg] ふらぁグ	旗			
537	paint	[péint] ペイント	ペンキ			

接続詞

538	since	[síns] スィンス	～して以来			
539	while	[wáil] ワイる	～するあいだに			
540	though	発 [ðóu] ぞウ	～だけれども			

時に関する語

541	second	[sékənd] セカンド	秒			
542	hour	[áuər] アウア	1時間			
543	century	[séntʃəri] センチュリ	世紀			

方向を表す語

544	out	[áut] アウト	外へ(で)			
545	off	[ɔ́(:)f] オ(ー)ふ	(空間・時間的に)離れて			
546	away	[əwéi] アウェイ	(位置的に)離れて			
547	far	[fá:r] ふァー	遠くに(で)			
548	up	[ʌ́p] アプ	上の方に			
549	down	[dáun] ダウン	下の方に			
550	forward	㋐ [fɔ́:rwərd] ふォーワド	前方に			
551	straight	発 [stréit] ストレイト	まっすぐに			
552	abroad	発㋐ [əbrɔ́:d] アブロード	外国に			

Answers

529 store 530 hospital 531 clothes 532 bath 533 comb 534 film 535 gift 536 flag
537 paint 538 since 539 while 540 Though 541 seconds 542 hour 543 century 544 out
545 off 546 away 547 far 548 up 549 down 550 forward 551 straight 552 abroad

何時にこの**店**は開きますか。	What time does this _____ open?
彼の妻は**病院**にいる（入院している）。	His wife is in the _____.
新しい**服**をいくつか買わなければならない。	I must buy some new _____.
彼女は毎日**入浴**する。	She takes a _____ every day.
あなたの**くし**を使ってもいいですか。	Can I use your _____?
昨日いい**映画**を見た。	I saw a good _____ yesterday.
これは彼女からの**贈り物**です。	This is a _____ from her.
私たちの**旗**には 2 色しかない。	Our _____ has only two colors.
ズボンに**ペンキ**がついてしまった。	I got _____ on my pants.

彼が亡くなっ**て以来**，何が変わったのか。	What has changed _____ he died?
眠っている**あいだに**彼らが到着した。	They arrived _____ we were sleeping.
彼はがんばった**けれども**，失敗した。	_____ he tried hard, he failed.

10 **秒**待てますか。	Can you wait ten _____?
1 **時間**後，彼女は戻ってきた。	An _____ later, she came back.
彼は 19 **世紀**に生きた。	He lived in the 19th _____.

外へ出て，サッカーをしようよ。	Let's go _____ and play soccer.
芝生から**離れて**いなさい（芝生に入らないで）。	Keep _____ the grass.
その町は 25 キロメートル**離れて**いる。	The town is 25 kilometers _____.
その学校はここから**遠い**。	The school is _____ from here.
私たちは頂**上に**登った。	We climbed _____ to the top.
はい，鉛筆を**下に**置いて。	OK, put your pencils _____.
2 歩**前に**出なさい。	Take two steps _____.
この通りを**まっすぐに**行って。	Go _____ on this street.
外国に住むことは好きですか。	Do you like living _____?

DATE　　　・　　・

数を限定する語

		意　味	1回目	2回目	3回目
553 only	[óunli] オウンり	ただ～だけ			
554 alone	[ア] [əlóun] アろウン	ひとりで			
555 also	[ɔ́:lsou] オーるソウ	～もまた			
556 else	[éls] エるス	そのほかに			
557 even	[発] [í:vən] イーヴン	～でさえ			

生活に関する動詞

		意　味	1回目	2回目	3回目
558 set	[sét] セット	を置く			
559 fix	[fíks] ふィクス	を固定する			
560 draw	[drɔ́:] ドロー	描く			
561 carry	[kǽri] キぁリ	を運ぶ			
562 join	[dʒɔ́ɪn] ヂョイン	(に)参加する			
563 wait	[wéɪt] ウェイト	待つ			
564 celebrate	[ア] [séləbrèɪt] セらブレイト	(を)祝う			

天候に関する語

		意　味	1回目	2回目	3回目
565 weather	[発] [wéðər] ウェざ	天気			
566 cloud	[発] [kláud] クらウド	雲			
567 rain	[réɪn] レイン	雨／雨が降る			
568 snow	[snóu] スノウ	雪／雪が降る			
569 fine	[fáɪn] ふァイン	元気な			

数量・割合を表す語

		意　味	1回目	2回目	3回目
570 half	[発] [hǽf] ハぁふ	半分の			
571 enough	[発] [ɪnʌ́f] イナふ	十分な			
572 more	[mɔ́:r] モーア	もっと多くの			
573 most	[móust] モウスト	大部分の			

時に関する語

		意　味	1回目	2回目	3回目
574 someday	[sʌ́mdèɪ] サムデイ	いつか			
575 ever	[évər] エヴァ	《疑問文で》これまでに			
576 forever	[fərévər] ふォレヴァ	永久に			

Answers

553 only　554 alone　555 also　556 else　557 even　558 Set　559 Fix　560 drew
561 carry　562 join　563 wait　564 celebrated　565 weather　566 clouds　567 rain　568 snowing
569 Fine　570 half　571 enough　572 more　573 Most　574 Someday　575 ever　576 forever

我々には2日**だけ**残されている。	We _____ have two days left.
私は**ひとりで**仕事をするのが好きだ。	I like working _____.
オリバー**もまた**オーストラリア出身だ。	Oliver is _____ from Australia.
ほかのだれにも話すなよ。	Don't tell anyone _____.
その男の子たちは冬**でさえ**泳ぐ。	The boys swim _____ in winter.

テーブルの上にカップ**を置きなさい**。	_____ the cup on the table.
机に照明**を固定しなさい**。	_____ the light to the desk.
彼は木々の絵**を描いた**。	He _____ a picture of trees.
私がかばん**を運びます**。	I'll _____ the bags.
クラブ**に参加**しませんか。	Why don't you _____ the club?
ここで**待って**ください。	Please _____ here.
私たちはジョンの誕生日**を祝った**。	We _____ John's birthday.

今日の**天気**はどうですか。	What's the _____ like today?
空には**雲**がいっぱいだ。	The sky is full of _____.
ここでは**雨**はほとんど降らない。	We have little _____ here.
山では**雪が降っている**。	It's _____ in the mountains.
「ごきげんいかが？」「**元気よ**，ありがとう」	"How are you doing?" "_____, thanks."

招待客の**半分**しか到着していない。	Only _____ the guests have arrived.
十分な時間がない。	I don't have _____ time.
もっと多くの睡眠時間が必要だ。	I need _____ time to sleep.
大部分の学生が自分の学校が好きだ。	_____ students like their school.

いつかあなたに話をしましょう。	_____ I'll tell you a story.
これまでにサーフィンに挑戦したことがありますか。	Have you _____ tried surfing?
ここに**永久に**滞在したい。	I'd like to stay here _____.

DATE　　　　　・　　　・

学校に関する語

			意　味	1回目	2回目	3回目
577	classmate	㋐ [klǽsmèɪt] くらぁスメイト	同級生			
578	lesson	[lésən] れスン	授業			
579	examination	㋐ [ɪgzæmənéɪʃən] イグザぁミネイション	試験			
580	graduation	㋐ [grædʒuéɪʃən] グラぁヂュエイション	卒業			

食事に関する語

581	meal	[míːl] ミーる	食事			
582	dessert	発 ㋐ [dɪzə́ːrt] ディザ〜ト	デザート			
583	recipe	[résəpi] レシピ	調理法			
584	restaurant	発 ㋐ [réstərənt] レスタラント	レストラン			
585	smell	[smél] スメる	〜のにおいがする			
586	taste	[téɪst] テイスト	〜な味がする			
587	delicious	[dɪlíʃəs] ディリシャス	とてもおいしい			
588	bitter	[bítər] ビタ	苦い			

ひろがり・速さを表す語

589	wide	[wáɪd] ワイド	幅が広い			
590	deep	[díːp] ディープ	深い			
591	slow	[slóʊ] スろウ	ゆっくりした			
592	fast	[fæst] ふぁスト	速い			
593	quick	[kwík] クウィック	はやい			

生活に関する動詞

594	act	[ǽkt] あクト	行動する			
595	perform	㋐ [pərfɔ́ːrm] パふォーム	(を)演じる			
596	hurry	[hə́ːri] ハ〜リ	急ぐ			
597	return	[rɪtə́ːrn] リタ〜ン	戻る			
598	notice	[nóʊtəs] ノウティス	(に)気がつく			
599	bear	発 [béər] ベア	(子)を産む			
600	slide	[sláɪd] スらイド	すべる			

577 classmates　578 lessons　579 examination　580 graduation　581 meals　582 dessert
583 recipe　584 restaurant　585 smell　586 tastes　587 delicious　588 bitter　589 wide　590 deep
591 Slow　592 fastest　593 quick　594 acted　595 perform　596 hurried　597 return　598 notice
599 born　600 sliding

60

彼は私の**同級生**のひとりです。	He is one of my ＿＿＿＿＿.
彼はドイツ語の**授業**を受け始めた。	He started taking German ＿＿＿＿＿.
今日は数学の**試験**がある。	We have a math ＿＿＿＿＿ today.
卒業後はひとり暮らしをするつもりだ。	I will live alone after ＿＿＿＿＿.

私はふつう**食事**のあとにコーヒーを飲む。	I usually have coffee after ＿＿＿＿＿.
デザートはいかがですか。	Would you like some ＿＿＿＿＿?
私はこの(料理の)**調理法**を知っている。	I know the ＿＿＿＿＿ for this.
私たちは**レストラン**で昼食をとった。	We had lunch in a ＿＿＿＿＿.
これらの花は甘い**においがする**。	These flowers ＿＿＿＿＿ sweet.
このスープは塩からい**味がする**。	This soup ＿＿＿＿＿ salty.
このクッキーは**とてもおいしい**です。	These cookies are ＿＿＿＿＿.
その薬は**苦い**味がした。	The medicine tasted ＿＿＿＿＿.

その川はとても**幅が広い**。	The river is very ＿＿＿＿＿.
ここの海はとても**深い**。	The sea here is very ＿＿＿＿＿.
ゆっくり着実(な者)がレースに勝つ。	＿＿＿＿＿ and steady wins the race.
彼は日本でもっとも**速い**ランナーだ。	He's the ＿＿＿＿＿ runner in Japan.
彼女はもの覚えが**はやい**。	She is a ＿＿＿＿＿ learner.

彼は子どもを救うために**行動した**。	He ＿＿＿＿＿ to save the child.
我々は「ロミオとジュリエット」を**演じる**。	We will ＿＿＿＿＿ "Romeo and Juliet."
彼らは駅へと**急いだ**。	They ＿＿＿＿＿ to the station.
彼は遅くなるまで**戻ら**なかった。	He didn't ＿＿＿＿＿ until late.
彼女の新しい髪型**に気づき**ましたか。	Did you ＿＿＿＿＿ her new haircut?
この村で彼は**生まれた**。	He was ＿＿＿＿＿ in this village.
彼らは氷の上を**すべって**いた。	They were ＿＿＿＿＿ on the ice.

DATE　　　・　　　・

イベントに関する語

			意　味	1回目	2回目	3回目
601	ceremony	[ア] [sérəmòuni] セレモウニ	儀式，式典			
602	contest	[ア] [kɑ́:ntest] カンテスト	競技(会)			
603	prize	[práɪz] プライズ	賞			
604	role	[róul] ロウる	役			

形・部分などを表す語

			意　味	1回目	2回目	3回目
605	size	[sáɪz] サイズ	大きさ			
606	form	[fɔ́:rm] ふォーム	姿			
607	type	[táɪp] タイプ	型			
608	style	[stáɪl] スタイる	様式			
609	part	[pɑ́:rt] パート	部分			
610	point	[pɔ́ɪnt] ポイント	点			
611	line	[láɪn] らイン	線			
612	hole	[hóul] ホウる	穴			

交通機関に関する語

			意　味	1回目	2回目	3回目
613	airplane	[ア] [éərplèɪn] エアプれイン	飛行機			
614	airport	[ア] [éərpɔ̀:rt] エアポート	空港			
615	seat	[sí:t] スィート	座席			
616	engine	[éndʒən] エンヂン	エンジン			
617	sail	[séɪl] セイる	帆			

想像する・認知する

			意　味	1回目	2回目	3回目
618	imagine	[ア] [ɪmǽdʒɪn] イマぁヂン	(を)想像する			
619	realize	[ア] [rí:əlàɪz] リアらイズ	に気づく			

よくないイメージをもつ名詞

			意　味	1回目	2回目	3回目
620	death	[déθ] デす	死			
621	accident	[ア] [ǽksədənt] あクスィデント	事故			
622	damage	[発] [ア] [dǽmɪdʒ] ダぁミヂ	損害			
623	bomb	[発] [bɑ́:m] バム	爆弾			
624	pain	[péɪn] ペイン	痛み			

Answers

601 ceremony　602 contest　603 Prize　604 role　605 size　606 form　607 type　608 style
609 parts　610 points　611 lines　612 holes　613 airplane　614 airport　615 seat　616 engine
617 sails　618 imagine　619 realized　620 death　621 accident　622 damage　623 bombs　624 pain

彼らの卒業式は昨日行われた。	Their graduation _____ was held yesterday.
だれがダンス競技会で優勝しましたか。	Who won the dance _____ ?
彼はノーベル平和賞を受けた。	He received the Nobel Peace _____ .
ジョンはハムレットの役を演じた。	John acted the _____ of Hamlet.

別の大きさがありますか。	Do you have another _____ ?
白鳥は美しい姿をしている。	A swan has a beautiful _____ .
あなたの血液型は何ですか。	What's your blood _____ ?
メアリーは生活様式を変えた。	Mary changed her _____ of living.
その映画は2部(構成)になっている。	The film has two _____ .
私たちはすべての点で合意した。	We agreed on all the _____ .
最初に2本の線を引きなさい。	First, draw two _____ .
私のジーンズにはたくさんの穴がある。	My jeans have many _____ .

飛行機はまもなく到着するだろう。	The _____ will arrive soon.
空港で会いましょう。	I'll see you at the _____ .
どうぞ席にお座りください。	Please take a _____ .
エンジンがどうしてもかからない。	The _____ won't start.
船の帆は白かった。	The ship's _____ were white.

| 私はコンピュータのない生活を想像できない。 | I can't _____ life without computers. |
| 私は自分が間違えたことに気づいた。 | I _____ I made a mistake. |

彼女は死ぬまでそこで暮らした。	She lived there until her _____ .
彼は交通事故にあった。	He was in a traffic _____ .
建物への被害はありましたか。	Was there _____ to the building?
飛行機は爆弾を運んでいた。	The plane was carrying _____ .
私はまったく痛みを感じなかった。	I didn't feel any _____ .

DATE　　・　　・

コミュニケーションに関する語

			意　味	1回目	2回目	3回目
625	conversation	[ア] [kɑ̀:nvərséɪʃən] カンヴァセイション	会話			
626	interview	[ア] [íntərvjù:] インタヴュー	会見			
627	discussion	[ア] [dɪskʌ́ʃən] ディスカション	討論			
628	opinion	[ア] [əpínjən] オピニョン	意見			
629	advice	[発] [ア] [ədváɪs] アドヴァイス	忠告			
630	expression	[ア] [ɪkspréʃən] イクスプレション	表現			
631	attention	[ア] [əténʃən] アテンション	注意			

知的活動をする

632	judge	[発] [dʒʌ́dʒ] ヂャッヂ	(を)判断する			
633	check	[tʃék] チェック	(を)点検する			
634	include	[ア] [ɪnklú:d] インクるード	を含む			
635	solve	[sá:lv] サるヴ	を解決する			
636	report	[rɪpɔ́:rt] リポート	(を)報告する			

人に働きかける・受け入れる

637	communicate	[ア] [kəmjú:nəkèɪt] カミューニケイト	意思を伝え合う			
638	contact	[ア] [ká:ntækt] カンタぁクト	に連絡する			
639	impress	[ア] [ɪmprés] イムプレス	に感銘を与える			
640	express	[ア] [ɪksprés] イクスプレス	を表現する			
641	appeal	[発] [ア] [əpí:l] アピーる	(世論・武力などに)訴える			
642	whisper	[wíspər] ウィスパ	(を)ささやく			
643	respond	[ア] [rɪspá:nd] リスパンド	(に)答える			
644	nod	[ná:d] ナド	うなずく			
645	agree	[ア] [əgrí:] アグリー	《agree with〈人〉で》〈人〉に賛成する			
646	support	[ア] [səpɔ́:rt] サポート	を支える			
647	trust	[trʌ́st] トラスト	を信頼する			
648	gather	[gǽðər] ギぁざ	集まる			

Answers

625 conversation　626 interview　627 discussion　628 opinion　629 advice　630 expression　631 attention
632 judge　633 checked　634 includes　635 solve　636 reported　637 communicate　638 Contact
639 impressed　640 express　641 appealed　642 whispered　643 responded　644 nodded　645 agree
646 supported　647 trusted　648 gathered

私たちは昨日**会話**を楽しんだ。	We enjoyed the _____ yesterday.
私は彼と**会見**した。	I had an _____ with him.
討論はまだ続いている。	The _____ is still going on.
彼女の作品に対するあなたの**意見**は?	What's your _____ of her work?
忠告をありがとう。	Thanks for your _____ .
それは友情の**表現**だ。	It's an _____ of friendship.
彼女は彼の言葉に**注意**を払った。	She paid _____ to his words.

他人を**判断す**べきでない。	You shouldn't _____ others.
スペル**を点検**しましたか。	Have you _____ your spelling?
この値段には朝食**が含まれている**。	This price _____ breakfast.
これらの問題**を解決する**のは簡単だ。	These problems are easy to _____ .
彼女は今朝そのニュース**を報告した**。	She _____ the news this morning.

彼らは日本語で**意思を伝え合う**ことができる。	They can _____ in Japanese.
すぐに警察**に連絡して**。	_____ the police right away.
彼女の歌は私**に感銘を与えた**。	Her songs _____ me.
私は自分の気持ち**を表現**できなかった。	I couldn't _____ my feelings.
彼の演説は若い人々(の心)**に訴えかけた**。	His speech _____ to young people.
彼女は彼に秘密**をささやいた**。	She _____ the secret to him.
私は彼女の質問に**答えた**。	I _____ to her question.
彼は先生に**うなずいた**。	He _____ at the teacher.
私はあなたに**賛成する**。	I _____ with you.
この壁は**支えられ**なければならない。	The wall has to be _____ .
私は彼**を信頼**したことはない。	I have never _____ him.
その歌手のファンが**集まった**。	The fans of the singer _____ .

状態・性質を表す語

			意　味	1回目	2回目	3回目
649	alive	発 ア [əláɪv] アらイヴ	生きている			
650	asleep	ア [əslíːp] アスリープ	眠って			
651	wild	発 [wáɪld] ワイるド	野生の			
652	calm	発 [káːm] カーム	(天候などが)おだやかな			
653	mild	[máɪld] マイるド	(態度・天候などが)おだやかな			
654	mysterious	ア [mɪstíəriəs] ミスティリアス	不思議な			
655	sacred	[séɪkrəd] セイクリド	神聖な			

よいイメージをもつ名詞

			意味	1回目	2回目	3回目
656	energy	発 ア [énərdʒi] エナヂ	エネルギー			
657	skill	[skíl] スキる	熟練			
658	courage	発 ア [kə́ːrɪdʒ] カ～リヂ	勇気			
659	chance	[tʃǽns] チあンス	機会			
660	goal	[góʊl] ゴウる	目標			

生産的な活動をする

661	build	発 [bíld] ビるド	を建てる			
662	develop	ア [dɪvéləp] ディヴェろップ	を発達させる			
663	improve	ア [ɪmprúːv] イムプルーヴ	を改良する			

増減・上下の動きをする

664	rise	[ráɪz] ライズ	(太陽や月が)のぼる			
665	raise	発 [réɪz] レイズ	をあげる			
666	climb	発 [kláɪm] クらイム	(に)登る			
667	increase	発 ア 動[ɪnkríːs] インクリース 名[ínkriːs] インクリース	増える			
668	drop	[drɑ́ːp] ドラップ	落ちる			
669	sink	[síŋk] スィンク	沈む			

語根 duce（引いて導く）で覚える語

670	introduce	ア [ìntrəd(j)úːs] イントロデュ[ドゥ]ース	を紹介する			
671	produce	発 ア 動[prəd(j)úːs] プロデュ[ドゥ]ース 名[próʊd(j)uːs] プロウデュ[デゥ]ース	を生産する			
672	reduce	ア [rɪd(j)úːs] リデュ[ドゥ]ース	を減らす			

Answers

649 alive	650 asleep	651 wild	652 calm	653 mild	654 mysterious	655 sacred
656 energy	657 skill	658 courage	659 chance	660 goal	661 building	662 develop	663 improve
664 rises	665 Raise	666 climbing	667 increased	668 dropped	669 sink	670 introduced	671 produces
672 reduce						

生きている人はだれもいなかった。	No one was found _____.
子どもたち全員が寝入った。	All the children fell _____.
私はそこで野生の動物を見た。	I saw the _____ animals there.
私たちはおだやかな海を眺めた。	We watched the _____ sea.
今日は天候がとてもおだやかだ。	The weather is very _____ today.
彼女は不思議なほほえみを浮かべていた。	She had a _____ smile.
これは神聖な山だ。	This is a _____ mountain.
エネルギーを節約することが大切だ。	It's important to save _____.
それはかなりの熟練を必要とする。	It takes a lot of _____.
男たちは勇気をもって戦った。	The men fought with _____.
私はスキーをする機会があった。	I had a _____ to ski.
私たちは共通の目標がある。	We have a common _____.
彼らは新しい家を建てている。	They are _____ new houses.
我々は経済を発展させる必要がある。	We need to _____ our economy.
どのように機械を改良するのですか。	How do you _____ a machine?
月は東からのぼる。	The moon _____ in the east.
手をあげなさい。	_____ your hand.
ほとんどの子どもは木に登ることが大好きだ。	Most kids love _____ trees.
車の台数が増えた。	The number of cars has _____.
いくつかのリンゴが木から落ちた。	Some apples _____ from the tree.
この船は簡単には沈まない。	This boat won't _____ easily.
キャシーは自己紹介した。	Cathy _____ herself.
イタリアは多量のワインを生産している。	Italy _____ a lot of wine.
私たちは大気汚染を減らさなければならない。	We must _____ air pollution.

次の (1) から (20) までの (　　) に入れるのにもっとも適切なものをそれぞれ ①〜④ から一つずつ選んで番号に丸をつけましょう。

(1) If you make a (　) with someone, you must keep it.

　　① promise　　② speech　　③ mistake　　④ call

(2) I'd like to (　) some time watching TV.

　　① give　　② know　　③ spend　　④ make

(3) A: Excuse me. Is this (　) taken?
　　B: No. Please sit down.

　　① desk　　② seat　　③ care　　④ picture

(4) A: Could you (　) me with my bag?
　　B: Certainly.

　　① carry　　② take　　③ show　　④ help

(5) The ground is (　). Did we have rain last night?

　　① hard　　② wet　　③ rainy　　④ warm

(6) Jim knows a lot about foreign countries. He has been (　) many times.

　　① straight　　② abroad　　③ alone　　④ forward

(7) There was (　) to our house from the heavy rain.

　　① village　　② work　　③ damage　　④ loss

(8) I had to (　) to her because her baby was asleep.

　　① whisper　　② shout　　③ get　　④ sing

(9) Mary has been (　) from school for three days. What's happened?

　　① absent　　② pretty　　③ short　　④ missing

(10) Keep (　) while the teacher is talking.

　　① careful　　② clean　　③ warm　　④ quiet

(11) I'm going to have an (　) for a job tomorrow. I really want the job.
① address　　② interview　　③ answer　　④ opinion

(12) The doctor told him to stop drinking, but he (　) to drink.
① changed　　② hated　　③ took　　④ continued

(13) Bill is (　) me in his karate skills.
① to　　② in　　③ above　　④ from

(14) A : How (　) do you play tennis?
B : Well, two or three times a week.
① far　　② fast　　③ often　　④ soon

(15) I returned some books to the (　) last Friday.
① hospital　　② library　　③ factory　　④ airport

(16) Jane was kind (　) to show me the way.
① very　　② enough　　③ so　　④ well

(17) We have lived in this country (　) 1990.
① in　　② after　　③ since　　④ during

(18) The rain was (　) heavy that they couldn't go out.
① pretty　　② very　　③ too　　④ so

(19) Do you remember (　) Kyoto while you were in Japan?
① visit　　② visited　　③ to visit　　④ visiting

(20) Who is that girl (　) with Ken over there?
① talking　　② talked　　③ talk　　④ talks

答えは次のページ ▶▶

(1) ① promise

(2) ③ spend

(3) ② seat

(4) ④ help

(5) ② wet

(6) ② abroad

(7) ③ damage

(8) ① whisper

(9) ① absent

(10) ④ quiet

(11) ② interview

(12) ④ continued

(13) ③ above

(14) ③ often

(15) ② library

(16) ② enough

(17) ③ since

(18) ④ so

(19) ④ visiting

(20) ① talking

3

高校で学ぶ単語 I
（288 語）

Level3 では高校で初めて目にする語が増えてきますが，まだ基本語が中心です。
基本的な知識を確実に身につけてから先へ進みましょう。

ここで学ぶ
単語の種類

- 政治・社会に関する語
- 立場を表す語
- 心理・性格などに関する語
- 音に関する語
- 基本動詞⑨ bring
- 基本動詞⑩ put
- 人に関する語
- 場所や空間などを表す語
- ものの役割・特質に関する語
- よくない意味をもつ語
- 自然・地形に関する語
- 確実度や程度を表す語
- 能力／可能・不可能を表す語
- 病気に関する語
- 単位に関する語
- 金銭・物のやりとりをする
- よい状態・性質を表す語
- 知性・学問に関する語
- よい状態・性質を表す語
- 数量に関する語
- 心理・精神世界に関する語
- よくない状態・性質を表す語

- 接頭辞 un- がつく語
- 感情を表す他動詞から派生した語
- 物質／形に関する語
- 文化に関する語
- 自然現象などを表す動詞
- 分類する
- 仕事・職業に関する語
- 程度を表す語
- 日常の動作
- 語根 vent（来る）で覚える語
- 身につけておきたい熟語① 基本動詞句
- 身につけておきたい熟語② be 動詞を含む熟語
- 身につけておきたい熟語③ 基本動詞句
- 時を表す熟語
- 身につけておきたい熟語④ 時を表す熟語
- 基本動詞句
- 身につけておきたい熟語⑤ 基本動詞句
- be 動詞を含む熟語
- 比較表現を用いた熟語
- 身につけておきたい熟語⑥ 数量を表す熟語

DATE　　　　・　　　・

> チェックボックスの左側は音声チェック欄，右側は音読チェック欄として使おう

政治・社会に関する語

			意　味	1回目	2回目	3回目
673	government	発 ア [gʌ́vərnmənt] ガヴァンメント	《しばしばGovernmentで》政府			
674	president	ア [prézədənt] プレズィデント	《しばしばPresidentで》大統領			
675	capital	[kǽpətəl] キぁピタる	首都			
676	society	発 ア [səsáɪəti] ソサイアティ	社会			
677	war	[wɔ́ːr] ウォー	戦争			
678	rule	[rúːl] ルーる	規則			
679	population	ア [pὰːpjəléɪʃən] パピュれイション	人口			
680	generation	ア [dʒènəréɪʃən] ヂェネレイション	世代			
681	technology	ア [teknάːlədʒi] テクナろヂ	(科学)技術			

立場を表す語

			意　味	1回目	2回目	3回目
682	real	[ríːjəl] リーアる	本当の			
683	similar	ア [símələr] スィミら	似た			
684	unique	発 ア [ju(ː)níːk] ユ(ー)ニーク	独特の			

心理・性格などに関する語

			意　味	1回目	2回目	3回目
685	pleasure	発 [pléʒər] プれジャ	楽しみ			
686	joy	[dʒɔ́ɪ] ヂョイ	喜び			
687	interest	[íntərəst] インタレスト	関心			
688	pity	[píti] ピティ	あわれみ			
689	humor	[hjúːmər] ヒューマ	ユーモア			
690	dream	[dríːm] ドリーム	夢			
691	secret	発 [síːkrət] スィークリット	秘密			
692	feeling	[fíːlɪŋ] ふィーリング	感覚			
693	character	ア [kǽrəktər] キぁラクタ	性格			

音に関する語

			意　味	1回目	2回目	3回目
694	voice	[vɔ́ɪs] ヴォイス	声			
695	record	ア 名[rékərd] レカド 動[rɪkɔ́ːrd] リコード	記録			
696	noise	[nɔ́ɪz] ノイズ	騒音			

A nswers

673 government	674 President	675 capital	676 society
677 war	678 rules	679 population	680 generation
681 technology	682 real	683 similar	684 unique
685 pleasure	686 joy	687 interest	688 pity
689 humor	690 dream	691 secret	692 feeling
693 character	694 voice	695 record	696 noise

ほとんどの人が**政府**の計画を支持していない。	Few people support the ＿＿＿＿＿＿＿'s plan.
サムの夢は**大統領**になることだ。	Sam's dream is to become ＿＿＿＿＿＿＿.
パリはフランスの**首都**である。	Paris is the ＿＿＿＿＿＿＿ of France.
私たちは平和な**社会**に住んでいる。	We live in a peaceful ＿＿＿＿＿＿＿.
戦争は1945年に終わった。	The ＿＿＿＿＿＿＿ ended in 1945.
あなたは**規則**に従わなければならない。	You must follow the ＿＿＿＿＿＿＿.
この町の**人口**は増えている。	The town's ＿＿＿＿＿＿＿ is increasing.
私の祖父は若い**世代**が好きだ。	My grandfather likes the younger ＿＿＿＿＿＿＿.
その病院は最新の**技術**を用いている。	The hospital uses the latest ＿＿＿＿＿＿＿.

彼は**本当の**友だ。	He is a ＿＿＿＿＿＿＿ friend.
あなたの靴は私のと**似て**います。	Your shoes are ＿＿＿＿＿＿＿ to mine.
彼は**独特な**髪型をしている。	He has a ＿＿＿＿＿＿＿ hairstyle.

私は**楽しみ**のためによく読書をする。	I often read for ＿＿＿＿＿＿＿.
子どもたちは**喜んで**叫んだ。	The kids shouted for ＿＿＿＿＿＿＿.
私はイタリアに**関心**がある。	I have an ＿＿＿＿＿＿＿ in Italy.
私はあの子どもたちを**あわれ**に思う。	I feel ＿＿＿＿＿＿＿ for those children.
その映画は**ユーモア**たっぷりだ。	The movie has lots of ＿＿＿＿＿＿＿.
私は**夢**がある。	I have a ＿＿＿＿＿＿＿.
あなたは**秘密**を守れますか。	Can you keep a ＿＿＿＿＿＿＿?
不思議な**感覚**がある。	I have a strange ＿＿＿＿＿＿＿.
あなたは**性格**がよい。	You have a good ＿＿＿＿＿＿＿.

彼女は高い**声**で話す。	She speaks in a high ＿＿＿＿＿＿＿.
彼の**記録**は破られた。	His ＿＿＿＿＿＿＿ was broken.
私は**騒音**のことで苦情を言った。	I complained about the ＿＿＿＿＿＿＿.

基本動詞を用例でつかもう⑨ bring

		意　味	1回目	2回目
697	bring 人 物	人に物を持ってくる		
698	bring 人 to ...	人を…に連れていく		
699	bring happiness	(幸せ)をもたらす		
700	bring wealth	(富)をもたらす		
701	bring chaos	混乱をもたらす		
702	bring in 〜	に持ち込む		
703	bring back 〜	を返す		
704	bring up 〜	を育てる		
705	bring about 〜	を引き起こす		
706	bring out 〜	を出す		
707	bring together 〜	をまとめる		
708	bring oneself to do	〜する気になる		

基本動詞を用例でつかもう⑩ put

709	put (one's) arm(s) around 人	人に腕を回す		
710	put one's name	名前を記入する		
711	put one's life in danger	生命を危険にさらす		
712	put ... to use	…を利用する		
713	put 〜 in ...	〜を…に入れる		
714	put on 〜	を着る		
715	put out 〜	を消す		
716	put off 〜	を延期する		
717	put up 〜	を掲げる		
718	put down 〜	を下に置く		
719	put back 〜	を戻す		
720	put away 〜	を片づける		

Answers

697 brought　698 bring / to　699 bring　700 brought
701 brought chaos　702 bring / in　703 Bring / back　704 brought up
705 brought about　706 brought out　707 bring / together　708 bring myself to
709 put / around　710 Put your name　711 put / life in danger　712 put / to use
713 Put / in　714 put on　715 put out　716 put off
717 put up　718 Put down　719 put / back　720 Put / away

彼は私に傘を持ってきてくれた。	He _____ me an umbrella.
何人かの友だちをパーティーに連れていっていいですか。	Is it OK if I _____ some friends _____ the party?
お金は幸せをもたらすものではない。	Money does not _____ happiness.
石油はその国に富をもたらした。	Oil _____ wealth to the country.
悪天候で道路は大混乱に陥った。	Bad weather _____ _____ to the roads.
それを家に持ち込まないで。	Don't _____ it _____ the house!
図書館に本を返しなさい。	_____ the book _____ to the library.
彼女は5人の子どもを育てた。	She _____ _____ five children.
何がこの事故を引き起こしたのですか。	What _____ _____ this accident?
そのコンピュータ会社は新製品を出した。	The computer company _____ a new model.
その王は国をまとめる努力をした。	The king tried to _____ the country _____.
私はそれについて話す気になれない。	I can't _____ talk about it.

彼女は彼の体に腕を回した。	She _____ her arms _____ him.
ここに名前を記入しなさい。	_____ _____ here.
生命を危険にさらすな。	Don't _____ your _____.
彼はその情報を利用した。	He _____ the information _____.
冷蔵庫に牛乳を入れなさい。	_____ the milk _____ the fridge.
彼女はそのドレスを着た。	She _____ _____ the dress.
ろうそくを消してください。	Please _____ _____ the candle.
今夜のコンサートは延期されるだろう。	Tonight's concert will be _____ _____.
彼らは大きな看板を掲げた。	They _____ a big sign.
かばんを下に置いて。	_____ _____ your bag.
彼は食器を戻した。	He _____ the dishes _____.
おもちゃを片づけなさい。	_____ your toys _____!

DATE   ・   ・

人に関する語

			意味	1回目	2回目	3回目
721	human	[hjúːmən] ヒューマン	人間の			
722	male	[méɪl] メイル	男性の			
723	female	発 ア [fíːmeɪl] ふィーメイル	女性の			
724	oneself	[wʌnsélf] ワンセるふ	自分自身(を・に)			
725	hero	発 ア [híːrou] ヒーロウ	英雄			
726	stranger	[stréɪndʒər] ストレインヂャ	見知らぬ人			
727	guest	[gést] ゲスト	(招待された)客			
728	passenger	[pǽsəndʒər] パあセンヂャ	乗客			
729	chairperson	[tʃéərpəːrsən] チェアパ〜スン	議長			
730	audience	ア [ɔ́ːdiəns] オーディアンス	聴衆			
731	relative	発 ア [rélətɪv] レらティヴ	親せき			
732	youth	[júːθ] ユーす	青春時代			

場所や空間などを表す語

			意味	1回目	2回目	3回目
733	area	[éəriə] エアリア	面積			
734	stage	[stéɪdʒ] ステイヂ	段階			
735	space	[spéɪs] スペイス	空間			
736	shelter	[ʃéltər] シェるタ	避難(所)			
737	environment	ア [ɪnváɪərnmənt] エンヴァイアランメント	環境			
738	continent	ア [kɑ́ːntənənt] カンティネント	大陸			
739	horizon	ア [həráɪzən] ハライズン	地平線			
740	border	[bɔ́ːrdər] ボーダ	国境(線)			
741	distance	ア [dístəns] ディスタンス	距離			
742	view	発 [vjúː] ヴュー	眺め			
743	scene	[síːn] スィーン	光景			
744	case	[kéɪs] ケイス	場合			

 nswers

721 human　722 male　723 female　724 oneself　725 hero　726 stranger　727 guests　728 passengers
729 chairperson　730 audience　731 relative　732 youth　733 area　734 stage　735 space
736 shelter　737 environment　738 continent　739 horizon　740 border　741 distance　742 view
743 scene　744 case

76

人間の体は単純ではない。	The _____ body is not simple.
この病院には 10 人の男性看護師がいる。	This hospital has ten _____ nurses.
この学校には 30 人の女性教員がいる。	This school has thirty _____ teachers.
自分自身を統制することは大切だ。	It's important to control _____.
私は英雄になりたい。	I want to be a _____.
見知らぬ人が私に話しかけた。	A _____ spoke to me.
7 時に招待客が到着した。	The _____ arrived at seven.
2 人の乗客が車内にいた。	Two _____ were in the car.
議長はだれですか。	Who is the _____?
聴衆は立ち上がって声援を送った。	The _____ stood up and cheered.
彼女はあなたの親せきですか。	Is she a _____ of yours?
彼は青春時代をカナダで過ごした。	He spent his _____ in Canada.

そのアパートの面積は 100 平方メートルだ。	The apartment's _____ is 100m².
私たちは第一段階にいる。	We are in the first _____.
我々にはもっと空間が必要だ。	We need more _____.
避難所で待っていてください。	Please wait in the _____.
彼らは職場環境がよい。	They have a nice work _____.
アジアは最も大きな大陸だ。	Asia is the largest _____.
太陽が地平線の下に沈んだ。	The sun sank below the _____.
その車は国境で停止した。	The car stopped at the _____.
都市の間の距離はどれくらいですか。	What's the _____ between the cities?
この部屋は眺めがよい。	This room has a fine _____.
私は決してこの光景を忘れないだろう。	I'll never forget this _____.
緊急事態の場合は 911 番に電話をかけなさい。	Dial 911 in _____ of emergency.

ものの役割・特質に関する語

			意　味	1回目	2回目	3回目
745	sign	発 [sáin] **サイン**	記号			
746	mark	[má:rk] **マーク**	跡			
747	symbol	[símbəl] **スィムボる**	象徴			
748	sample	[sǽmpəl] **サぁムプる**	見本			
749	model	[má:dəl] **マドゥる**	模型			
750	feature	[fí:tʃər] **ふィーチャ**	特徴			
751	guide	発 [gáid] **ガイド**	案内人			
752	source	[sɔ́:rs] **ソース**	源			

よくない意味をもつ語

			意　味	1回目	2回目	3回目
753	fail	発 [féil] **ふェイる**	失敗する			
754	suffer	ア [sʌ́fər] **サふァ**	苦しむ			
755	injure	ア [índʒər] **インヂャ**	を傷つける			
756	careless	[kéərlis] **ケアれス**	不注意な			

自然・地形に関する語

			意　味	1回目	2回目	3回目
757	branch	[brǽntʃ] **ブラぁンチ**	枝			
758	blossom	発 ア [blá:səm] **ブらッサム**	(果樹などの)花			
759	bloom	発 ア [blú:m] **ブるーム**	開花			
760	storm	[stɔ́:rm] **ストーム**	嵐			
761	earthquake	ア [ɔ́:rθkwèik] **ア〜すクウェイク**	地震			
762	ray	[réi] **レイ**	光線			
763	shadow	[ʃǽdou] **シぁドウ**	影			
764	shade	[ʃéid] **シェイド**	(日)陰			
765	temperature	[témpərtʃər] **テムパラチャ**	温度			
766	field	[fí:ld] **ふィーるド**	野原			
767	desert	発 ア 名 [dézərt] **デザト** 動 [dizɔ́:rt] **ディザ〜ト**	砂漠			
768	atmosphere	ア [ǽtməsfiər] **あトマスふィア**	大気			

Answers

745 sign　746 marks　747 symbol　748 samples　749 model　750 features　751 guide　752 source
753 failed　754 suffering　755 injured　756 careless　757 branches　758 blossoms　759 bloom　760 storm
761 earthquakes　762 rays　763 shadows　764 shade　765 Temperatures　766 field
767 desert　768 atmosphere

その**記号**は何を意味しているのですか。	What does the _____ mean?
彼は私にやけどの**跡**を見せた。	He showed me the burn _____.
それは平和の**象徴**です。	It is a _____ of peace.
いくつか**見本**をいただけますか。	Can you give us some _____?
その少年は**模型**飛行機を作った。	The boy made a _____ airplane.
その建物には魅力的な**特徴**が数多くある。	The building has many attractive _____.
私たちは**案内人**についていった。	We followed the _____.
力の**源**は何ですか。	What is the _____ of power?

彼は商売に**失敗した**。	He _____ in business.
彼女はかぜに**苦しんで**いる。	She is _____ from a cold.
彼女はその事故で**負傷した**。	She was _____ in the accident.
私は**不注意な**間違いをしてしまった。	I made a _____ mistake.

私は**枝**を何本か切り落とした。	I cut off some _____.
今，桜の**花**がきれいです。	The cherry _____ are beautiful now.
チューリップが**開花**しています。	The tulips are in _____.
嵐が来ている。	A _____ is coming.
日本は**地震**が多い。	Japan has many _____.
太陽**光線**に注意しなさい。	Be careful of the sun's _____.
秋は**影**が長い。	The _____ are long in autumn.
日陰に座りましょう。	Let's sit in the _____.
その都市の**気温**は30度に達した。	_____ in the city reached 30℃.
私たちは**野原**を歩いた。	We walked in the _____.
砂漠はとても暑い。	The _____ is very hot.
地球の**大気**は青く見える。	The earth's _____ looks blue.

確実度や程度を表す語

			意味	1回目	2回目	3回目
769	certainly	発 ア [sə́:rtənli] サ〜トンリ	確かに			
770	probably	ア [prɑ́:bəbli] プラバブリ	おそらく			
771	perhaps	ア [pərhǽps] パハあプス	たぶん			
772	maybe	[méɪbi(:)] メイビ(ー)	たぶん			
773	especially	ア [ɪspéʃəli] イスペシャリ	特に			
774	actually	[ǽktʃuəli] あクチュアリ	実際に			
775	almost	[ɔ́:lmoʊst] オールモウスト	ほとんど			
776	hardly	[hɑ́:rdli] ハードリ	ほとんど〜ない			

能力／可能・不可能を表す語

			意味	1回目	2回目	3回目
777	able	[éɪbəl] エイブる	できる			
778	enable	[ɪnéɪbəl] エネイブる	(〈人〉に…することを)可能にする			
779	possible	[pɑ́:səbəl] パシブる	可能な			
780	impossible	ア [ɪmpɑ́:səbəl] イムパシブる	不可能な			

病気に関する語

			意味	1回目	2回目	3回目
781	sick	[sík] スィック	病気の			
782	ill	[íl] イる	病気で			
783	doctor	[dɑ́:ktər] ダクタ	医者			

単位に関する語

			意味	1回目	2回目	3回目
784	meter	発 [mí:tər] ミータ	メートル			
785	mile	[máɪl] マイる	マイル			
786	ton	[tʌ́n] タン	トン			
787	percent	ア [pərsént] パセント	パーセント			
788	dozen	[dʌ́zən] ダズン	12(個)			

金銭・物のやりとりをする

			意味	1回目	2回目	3回目
789	pay	[péɪ] ペイ	(を)支払う			
790	receive	発 [rɪsí:v] リスィーヴ	を受け取る			
791	lend	[lénd] れンド	(物・金)を貸す			
792	borrow	[bɑ́:roʊ] バロウ	(物・金)を借りる			

 **Answers**

769 certainly　770 probably　771 Perhaps　772 Maybe　773 especially　774 actually　775 almost　776 hardly
777 able　778 enabled　779 possible　780 impossible　781 sick　782 ill　783 doctor　784 meters
785 miles　786 tons　787 percent　788 dozen　789 pay　790 receive　791 lend　792 borrow

それは**確かに**すばらしい本だ。	It's ＿＿＿ a great book.
おそらくじきに気分がよくなるでしょう。	You'll ＿＿＿ feel better soon.
たぶん彼女は庭にいるよ。	＿＿＿ she's in the garden.
たぶん彼は間違えただけだ。	＿＿＿ he just made a mistake.
彼女はこの歌が**特に**好きだ。	She ＿＿＿ likes this song.
あなたが**実際に**したことを私に話しなさい。	Tell me what you ＿＿＿ did.
ほとんど用意ができています。	I'm ＿＿＿ ready.
私にはそれが**ほとんど**信じられ**ない**。	I can ＿＿＿ believe it.
幸運にも，私は来ることが**できた**。	Luckily, I was ＿＿＿ to come.
そのメガネは彼が読むことを**可能にした**。	The glasses ＿＿＿ him to read.
チケットを手に入れることは**可能**ですか。	Is it ＿＿＿ to get tickets?
これを今日終わらせることは**不可能**だ。	It's ＿＿＿ to finish this today.
ケイトは**病気**で寝ている。	Kate has been ＿＿＿ in bed.
私はストレスから**病気**になった。	I became ＿＿＿ because of stress.
医者は彼女に薬を与えた。	The ＿＿＿ gave her some medicine.
その川の幅は10**メートル**だ。	The river is ten ＿＿＿ wide.
その店まで2**マイル**だ。	It's two ＿＿＿ to the store.
彼らは米を2**トン**運んだ。	They carried two ＿＿＿ of rice.
価格(物価)が6**パーセント**下がった。	Prices have fallen by six ＿＿＿.
彼は卵を**12個**買った。	He bought a ＿＿＿ eggs.
明日，君に**払う**ってことでいいですか。	Can I ＿＿＿ you tomorrow?
私の手紙**を受け取り**ましたか。	Did you ＿＿＿ my letter?
5ドル**貸して**くれませんか。	Could you ＿＿＿ me $5?
ペン**を借りて**いいですか。	Can I ＿＿＿ your pen?

DATE　　・　　・

よい状態・性質を表す語

		意　味	1回目	2回目	3回目
793 lucky	[lʌ́ki] らキ	幸運な			
794 famous	[féɪməs] ふェイマス	有名な			
795 familiar	[ア] [fəmíljər] ふァミリア	なじみの			
796 fresh	[fréʃ] ふレッシュ	新鮮な			
797 clear	[klíər] クりア	澄んだ			
798 wise	[発] [wáɪz] ワイズ	賢い			

知性・学問に関する語

		意　味	1回目	2回目	3回目
799 knowledge	[発] [ア] [nɑ́:lɪdʒ] ナりッヂ	知識			
800 fact	[fǽkt] ふぁクト	事実			
801 truth	[発] [trú:θ] トルーす	真実			
802 reason	[rí:zən] リーズン	理由			
803 meaning	[mí:nɪŋ] ミーニング	意味			
804 authority	[ア] [əθɔ́:rɪti] オそーリティ	権威(者)			

よい状態・性質を表す語

		意　味	1回目	2回目	3回目
805 perfect	[ア] [pə́:rfɪkt] パ〜ふィクト	完ぺきな			
806 precious	[préʃəs] プレシャス	貴重な			
807 convenient	[ア] [kənví:njənt] コンヴィーニェント	便利な			
808 professional	[ア] [prəféʃənəl] プロふェショヌる	プロの			

数量に関する語

		意　味	1回目	2回目	3回目
809 several	[ア] [sévrəl] セヴルる	いくつかの			
810 extra	[ékstrə] エクストラ	余分の			
811 whole	[hóul] ホウる	全体の			
812 full	[fúl] ふる	(〜で)いっぱいの			
813 empty	[émpti] エムプティ	からの			
814 equal	[発] [í:kwəl] イークワる	等しい			
815 less	[lés] れス	より少ない			
816 least	[発] [lí:st] リースト	もっとも少ない			

Answers

793 lucky　794 famous　795 familiar　796 fresh　797 clear　798 wise　799 knowledge　800 facts
801 truth　802 reason　803 meaning　804 authority　805 perfect　806 precious　807 convenient
808 professional　809 several　810 extra　811 whole　812 full　813 empty　814 equal
815 less　816 least

私はここにいられて本当に**幸運**です。	I'm really ＿＿＿＿ to be here.
彼はとても**有名な**俳優だ。	He is a very ＿＿＿＿ actor.
この音楽は私にとって**なじみ**がある。	This music is ＿＿＿＿ to me.
新鮮な空気を入れなさい。	Let some ＿＿＿＿ air in.
彼女はとても**澄んだ**声をしている。	Her voice is very ＿＿＿＿.
佐藤さんは**賢い**人だ。	Mr. Sato is a ＿＿＿＿ man.

私は十分な**知識**がない。	I don't have enough ＿＿＿＿.
私たちは学校で多くの**事実**を学ぶ。	We learn many ＿＿＿＿ in school.
君は彼に**真実**を話しましたか。	Did you tell him the ＿＿＿＿?
そんなことをする**理由**がない。	There's no ＿＿＿＿ to do that.
この単語の**意味**は何ですか。	What's the ＿＿＿＿ of this word?
彼は歌舞伎についての**権威者**だ。	He is an ＿＿＿＿ on kabuki.

彼女は**完ぺきな**英語を話す。	She speaks ＿＿＿＿ English.
これは**貴重な**指輪だ。	This is a ＿＿＿＿ ring.
ここは**便利な**場所のようだ。	This looks like a ＿＿＿＿ place.
彼女は**プロ**の歌手だ。	She is a ＿＿＿＿ singer.

私たちは彼らを**数**回訪ねた。	We visited them ＿＿＿＿ times.
私は**余分な**ペンを持っていません。	I don't have any ＿＿＿＿ pens.
クラス**全体**が彼を歓迎した。	The ＿＿＿＿ class welcomed him.
美術館は学生で**いっぱい**だった。	The museum was ＿＿＿＿ of students.
今，机は**から**です。	The desk is ＿＿＿＿ now.
ケーキを**均等に**切りなさい。	Cut the cake into ＿＿＿＿ pieces.
彼はほかの人より経験が**少ない**。	He has ＿＿＿＿ experience than others.
もっとも持っているお金が**少ない**のはだれですか。	Who has the ＿＿＿＿ money?

DATE　　　　・　　　　・

心理・精神世界に関する語

			意　味	1回目	2回目	3回目
817	mind	[máɪnd] マインド	《疑問文・否定文で》(を)気にする			
818	sense	[séns] センス	感覚			
819	mood	[múːd] ムード	気分			
820	fear	[fíər] ふィア	恐れ			
821	memory	[ア] [méməri] メモリ	記憶(力)			
822	spirit	[spírət] スピリット	精神			
823	ghost	[発] [góust] ゴウスト	幽霊			
824	certain	[発] [sə́ːrtən] サ～トン	確信して			
825	aware	[əwéər] アウェア	(～に)気づいて			

よくない状態・性質を表す語

826	angry	[ǽŋgri] あングリ	怒って			
827	dead	[déd] デッド	死んだ			
828	weak	[発] [wíːk] ウィーク	弱い			

接頭辞 un- がつく語

829	unable	[ʌnéɪbəl] アネイブる	《be unable to do で》…できない			
830	unfair	[発] [ʌnféər] アンふェア	不公平な			
831	unknown	[ʌnnóun] アンノウン	知られていない			
832	unlike	[ʌnláɪk] アンらイク	…と違って			

感情を表す他動詞から派生した語

833	boring	[bɔ́ːrɪŋ] ボーリング	退屈な			
834	bored	[発] [bɔ́ːrd] ボード	(人が)退屈して			
835	exciting	[ɪksáɪtɪŋ] イクサイティング	(人を)わくわくさせるような			
836	excited	[ɪksáɪtɪd] イクサイティド	(人が)興奮して			
837	interesting	[íntərəstɪŋ] インタレスティング	おもしろい			
838	interested	[íntərəstɪd] インタレスティド	(人が)興味をもって			
839	surprising	[sərpráɪzɪŋ] サプライズィング	驚くべき			
840	surprised	[sərpráɪzd] サプライズド	驚いて			

Answers

817 mind　818 sense　819 mood　820 fear　821 memory　822 spirit　823 ghosts　824 certain
825 aware　826 angry　827 dead　828 weak　829 unable　830 unfair　831 unknown　832 Unlike
833 boring　834 bored　835 exciting　836 excited　837 interesting　838 interested　839 surprising　840 surprised

私は雨を気にしなかった。	I didn't _____ the rain.
彼にはユーモアを理解する感覚がある。	He has a _____ of humor.
音楽を聴きたい気分だ。	I'm in the _____ for music.
彼は恐れを見せなかった。	He didn't show his _____.
私の記憶力はあまりよくない。	My _____ is not so good.
彼女はまだ精神的に若いと感じている。	She still feels young in _____.
幽霊はいると思いますか。	Do you believe in _____?
私は彼が勝つと確信している。	I'm _____ that he will win.
私はその事実に気づいていなかった。	I wasn't _____ of that fact.

あなたはなぜジョディに怒っているのですか。	Why are you _____ with Jody?
このネズミは本当に死んでいるのですか。	Is this mouse really _____?
彼のチームはとても弱い。	His team is very _____.

手伝うことができないと思います。	I'm afraid I'm _____ to help.
私は法律のいくつかは不公平だと思う。	I think some laws are _____.
その歌手は日本では知られていない。	The singer is _____ in Japan.
アメリカと違って，私たちの国は小さい。	_____ America, our country is small.

退屈な映画だ。	It's a _____ movie.
私はこのテレビ番組に退屈している。	I'm _____ with this TV program.
今日はわくわくさせるようなニュースがありますか。	Is there any _____ news today?
コンサートで人々が興奮していた。	People were _____ at the concert.
そのマンガはおもしろい。	The comic book is _____.
彼女はつねに音楽に興味をもっている。	She's always been _____ in music.
驚くべき知らせを聞いたところなんだ。	I've just heard some _____ news.
私は彼の点数に驚いた。	I was _____ at his score.

DATE　　　　　・　　　・

物質／形に関する語

			意　味	1回目	2回目	3回目
841	oil	[ɔ́ɪl] オイる	石油			
842	glass	[glǽs] グらぁス	ガラス			
843	board	発 [bɔ́ːrd] ボード	板			
844	tube	[t(j)úːb] テュ[トゥ]ーブ	管			
845	shape	[ʃéɪp] シェイプ	姿・形			
846	pattern	発 ア [pǽtərn] パぁタン	模様			

文化に関する語

			意　味	1回目	2回目	3回目
847	tradition	ア [trədíʃən] トラディション	伝統			
848	item	発 [áɪtəm] アイテム	(新聞)記事			
849	congratulation	ア [kəngrædʒəléɪʃən] コングラぁチュれイション	祝い			
850	museum	発 ア [mju(ː)zíəm] ミュ(ー)ズィアム	博物館			
851	statue	[stǽtʃuː] スタぁチュー	像			
852	exhibition	[èksəbíʃən] エクスィビション	展覧会			

自然現象などを表す動詞

			意　味	1回目	2回目	3回目
853	burn	発 [bɔ́ːrn] バ～ン	燃える			
854	burst	[bɔ́ːrst] バ～スト	破裂する			
855	shine	[ʃáɪn] シャイン	輝く			
856	blow	[blóu] ブろウ	(風が)吹く			
857	spread	発 [spréd] スプレッド	広がる			

分類する

			意　味	1回目	2回目	3回目
858	separate	ア [sépərèɪt] セパレイト	を引き離す			
859	divide	[dɪváɪd] ディヴァイド	を分ける			
860	choose	発 [tʃúːz] チューズ	(を)選ぶ			
861	prefer	ア [prɪfɔ́ːr] プリふァ～	～のほうを好む			
862	hate	[héɪt] ヘイト	をひどく嫌う			
863	compare	ア [kəmpéər] コムペア	と比較する			
864	distinguish	[dɪstíŋgwɪʃ] ディスティングウィシュ	を区別する			

 Answers

841 oil　842 glass　843 board　844 tube　845 shapes　846 pattern　847 tradition　848 item
849 congratulations　850 museum　851 statue　852 exhibition　853 burning　854 burst　855 shining
856 blowing　857 spread　858 separated　859 divided　860 choose　861 prefer　862 hates　863 Compare
864 distinguish

日本は**石油**のほとんどを輸入している。	Japan imports most of its ＿＿＿＿＿.
ドアは**ガラス**製だった。	The door was made of ＿＿＿＿＿.
案内**板**を確認しよう。	I'll check the information ＿＿＿＿＿.
私は試験**管**を割ってしまった。	I broke the test ＿＿＿＿＿.
雲はおもしろい**形**をしている。	Clouds can have interesting ＿＿＿＿＿.
ここに**模様**があります。	I see a ＿＿＿＿＿ here.
彼らは昔からの**伝統**に従っている。	They are following an ancient ＿＿＿＿＿.
本日の次の**記事**は何ですか。	What is the next ＿＿＿＿＿ today?
彼女は多くの**祝福**を受けた。	She received a lot of ＿＿＿＿＿.
その**博物館**は月曜日は閉館だ。	The ＿＿＿＿＿ is closed on Mondays.
そこに桃太郎の**像**が立っている。	A ＿＿＿＿＿ of Momotaro stands there.
私は美術**展**に行った。	I went to the art ＿＿＿＿＿.
暖炉で丸太が**燃えて**いた。	Logs were ＿＿＿＿＿ in the fireplace.
風船が突然**破裂した**。	The balloon ＿＿＿＿＿ suddenly.
一日中，太陽が**輝いて**いた。	The sun was ＿＿＿＿＿ all day.
強い風が**吹いて**いた。	A strong wind was ＿＿＿＿＿.
そのうわさはすぐに**広まった**。	The rumor ＿＿＿＿＿ quickly.
彼らは2人の少年**を引き離した**。	They ＿＿＿＿＿ the two boys.
子どもたちをグループに**分けた**。	We ＿＿＿＿＿ the children into groups.
何でも欲しいもの**を選んで**いいよ。	You can ＿＿＿＿＿ anything you want.
私は紅茶よりコーヒー**のほうを好む**。	I ＿＿＿＿＿ coffee to tea.
彼はスピーチをすること**をひどく嫌う**。	He ＿＿＿＿＿ making speeches.
都市生活を田園生活**と比較してみなさい**。	＿＿＿＿＿ city life with country life.
私たちは善悪**を区別し**なくてはならない。	We must ＿＿＿＿＿ right from wrong.

87

仕事・職業に関する語

			意　味	1回目	2回目	3回目
865	hire	発 [háɪər] ハイア	を雇う			
866	order	[ɔ́ːrdər] オーダ	(を)命令する			
867	deliver	ア [dɪlívər] ディリヴァ	を配達する			
868	leader	[líːdər] リーダ	指導者			
869	engineer	ア [èndʒəníər] エンヂニア	技師			
870	clerk	[kláːrk] クら~ク	事務員			
871	actor	[æktər] あクタ	俳優			

程度を表す語

			意　味	1回目	2回目	3回目
872	indeed	[ɪndíːd] インディード	本当に			
873	exactly	ア [ɪgzæktli] イグザぁクトり	ちょうど			
874	quite	[kwáɪt] クワイト	まったく			
875	nearly	[níərli] ニアり	ほとんど			
876	rather	[ræðər] ラぁざ	かなり			

日常の動作

			意　味	1回目	2回目	3回目
877	pick	[pík] ピック	をつみ取る			
878	pull	[púl] プる	(を)引く			
879	ring	[ríŋ] リング	鳴る			
880	lean	[líːn] リーン	傾く			
881	dig	[díg] ディッグ	を掘る			
882	fill	[fíl] ふィる	を満たす			
883	swing	[swíŋ] スウィング	を振る			
884	rub	発 [rʌb] ラブ	をこする			

語根 vent (来る) で覚える語

			意　味	1回目	2回目	3回目
885	adventure	ア [ədvéntʃər] アドヴェンチャ	冒険			
886	event	ア [ɪvént] イヴェント	できごと			
887	invent	ア [ɪnvént] インヴェント	を発明する			
888	prevent	ア [prɪvént] プリヴェント	をさまたげる			

865 hired　866 ordered　867 deliver　868 leader　869 engineers　870 clerk　871 actor　872 indeed
873 exactly　874 quite　875 nearly　876 rather　877 pick　878 pull　879 ringing　880 leaning
881 digging　882 filled　883 swung　884 rubbing　885 adventures　886 event　887 invented
888 prevented

彼らは若い女性**を雇った**。	They ＿＿＿＿＿ a young woman.
社長は彼女に戻るよう**命じた**。	The president ＿＿＿＿＿ her to return.
彼に食事**を配達して**ください。	Please ＿＿＿＿＿ the meal to him.
ビルはよい**指導者**だった。	Bill was a good ＿＿＿＿＿.
たくさんのコンピュータ**技師**がそこで働いている。	Many computer ＿＿＿＿＿ work there.
私は銀行の**事務員**です。	I'm a ＿＿＿＿＿ at a bank.
その**俳優**は少女たちの間で人気がある。	The ＿＿＿＿＿ is popular among girls.

本当にどうもありがとう。	Thank you very much ＿＿＿＿＿.
彼は**ちょうど**7時に戻った。	He came back at ＿＿＿＿＿ seven.
それを終わらせるのは**まったく**不可能だ。	It's ＿＿＿＿＿ impossible to finish it.
その仕事は**ほとんど**終わりです。	The work is ＿＿＿＿＿ finished.
今日は**かなり**寒いですね。	It's ＿＿＿＿＿ cold today, isn't it?

花**をつみ取る**な。	Don't ＿＿＿＿＿ the flowers.
ロープ**を引いて**ください。	Please ＿＿＿＿＿ the rope.
私は電話が**鳴っている**のを聞いた。	I heard the phone ＿＿＿＿＿.
ポールが少し**傾いて**いる。	The pole is ＿＿＿＿＿ a little.
イヌが穴**を掘って**いた。	The dog was ＿＿＿＿＿ a hole.
私は彼女のグラス**を**水で**満たした**。	I ＿＿＿＿＿ her glass with water.
少年はバット**を振った**。	The boy ＿＿＿＿＿ the bat.
眼**をこする**のをやめなさい。	Stop ＿＿＿＿＿ your eyes.

彼は**冒険**について私たちに話してくれた。	He told us about his ＿＿＿＿＿.
昨日，私はその**できごと**について聞いた。	I heard about the ＿＿＿＿＿ yesterday.
電話は1876年に**発明された**。	The telephone was ＿＿＿＿＿ in 1876.
彼らは私が逃げるの**をさまたげた**。	They ＿＿＿＿＿ me from escaping.

身につけておきたい熟語① 基本動詞句

		意　味	1回目	2回目
889	look for ...	…を探す		
890	look after ...	…の世話をする		
891	look around ...	(…を)見回す		
892	look like ...	…に似ている		
893	look up (～)	(辞書などで語など)を調べる		
894	look up to ...	…を尊敬する		
895	write to ...	…に手紙を書く		
896	write down ～	を書き留める		
897	grow up	成長する		
898	cut down ～	(木)を切り倒す		
899	go to bed	寝る		
900	wake up (～)	目を覚ます		

身につけておきたい熟語② be 動詞を含む熟語

		意　味	1回目	2回目
901	be good at (-ing)	(…すること)がじょうずである		
902	be late for ...	…に遅れる		
903	be fond of (-ing)	(…すること)が好きである		
904	be afraid of ...	…を恐れる		
905	be short of ...	…が不足している		
906	be proud of ...	…を誇りにしている		
907	be familiar with ...	…に詳しい		
908	be familiar to ...	…によく知られている		
909	be pleased with ...	…に満足している		
910	be filled with ...	…で満ちている		
911	be based on ...	…に基づいている		
912	be lost	道に迷っている		

Answers

889 looking for	890 look after	891 looked around	892 looks like
893 looked up	894 look up to	895 write to	896 wrote down
897 grew up	898 cut down	899 go to bed	900 woke up
901 is good at	902 was late for	903 is fond of	904 afraid of
905 short of	906 is proud of	907 Are / familiar with	908 Is / familiar to
909 am pleased with	910 was filled with	911 is based on	912 was lost

私は T シャツを探している。	I'm _____ _____ some T-shirts.
うちのイヌの世話をしてくれますか。	Can you _____ _____ my dog?
先生は教室を見回した。	The teacher _____ _____ the classroom.
ナンシーは私の姉（妹）に似ている。	Nancy _____ _____ my sister.
私はその言葉を調べた。	I _____ _____ the word.
我々はスミス氏を尊敬している。	We _____ _____ Mr. Smith.
私に手紙を書くのを忘れないで。	Don't forget to _____ _____ me.
彼は彼女の電話番号を書き留めた。	He _____ _____ her phone number.
私はこの街で成長した。	I _____ _____ in this town.
彼らは多くの木々を切り倒した。	They have _____ _____ many trees.
もう寝る時間だよ。	It's time to _____ _____ _____.
私は 5 時に目を覚ました。	I _____ _____ at five.

彼は写真を撮るのがじょうずだ。	He _____ _____ _____ taking photos.
私は会議に遅れた。	I _____ _____ the meeting.
彼女はチョコレートケーキが好きだ。	She _____ _____ chocolate cake.
私は地震を恐れている。	I'm _____ _____ earthquakes.
今日，私はお金が不足している。	I'm _____ _____ money today.
彼女は自分の子どもたちのことを誇りにしている。	She _____ _____ her children.
あなたは日本の歴史に詳しいですか。	_____ you _____ Japanese history?
あの歌は若者によく知られているのですか。	_____ that song _____ _____ young people?
私は君の仕事に満足している。	I _____ _____ your work.
そのタンクは石油で満たされていた。	The tank _____ _____ oil.
彼女の忠告は経験に基づいている。	Her advice _____ _____ _____ experience.
彼は森の中で道に迷っていた。	He _____ _____ in the forest.

身につけておきたい熟語③ 基本動詞句

	意　味	1回目	2回目
913 break up（〜）	をばらばらにする		
914 break out	（戦争・火事などが）（急に）起こる		
915 break down（〜）	を(打ち)壊す		
916 break into ...	に押し入る		
917 cheer up（〜）	元気を出す		
918 do one's[the] best	最善をつくす		
919 do without ...	…なしですます		

時を表す熟語

920 at first	最初は		
921 at last	ついに		
922 first of all	まず第一に		
923 for the first time	初めて		
924 in the end	ついに		

身につけておきたい熟語④ 時を表す熟語

925 in time	間に合って		
926 on time	時間どおりに		
927 right away	すぐに		
928 at once	すぐに		
929 in a minute	すぐに		
930 at the same time	同時に		
931 so far	今までのところ		
932 by now	今ごろは(もう)		
933 after a while	しばらくして		
934 at the age of ...	…歳のときに		

基本動詞句

935 be made from ...	（原料）から作られる		
936 be made of ...	（材料）でできている		

nswers

913 broke up　914 broke out　915 broke down　916 broke into　917 Cheer up　918 do your best
919 do without　920 at first　921 at last　922 First of all　923 for the first time　924 In the end
925 in time　926 on time　927 right away　928 at once　929 in a minute
930 at the same time　931 so far　932 by now　933 After a while　934 at the age of
935 is made from　936 is made of

彼は氷**をばらばらにした**。	He _____ _____ the ice cubes.
火事はそこで**起こった**。	A fire _____ _____ there.
彼らは古いフェンス**を壊した**。	They _____ _____ the old fence.
だれかが銀行**に押し入った**。	Somebody _____ _____ the bank.
元気を出して，笑顔を見せて。	_____ _____ and smile!
最善をつくしてください。	Please _____ _____ _____.
私は電話**なしで**すますことはできない。	I can't _____ _____ a phone.

最初はタイ料理が好きではなかった。	I didn't like Thai food _____ _____.
彼女は**ついに**成功した。	She succeeded _____ _____.
まず第一に，本を読んでみなさい。	_____ _____ _____, read the book.
私は**初めて**スキーに行った。	I went skiing _____ _____ _____.
ついに，彼らは結婚した。	_____ _____ _____, they got married.

私たちは最終のバスに**間に合った**。	We were _____ _____ for the last bus.
列車は**時間どおりに**出発した。	The train left _____ _____.
コンサートは**すぐに**始まるだろう。	The concert will start _____ _____.
すぐに寝なさい。	Go to bed _____ _____.
すぐに戻ります。	I'll be back _____ _____.
私たちは**同時に**笑った。	We laughed _____ _____ _____.
今日は**今までのところ**彼女と話していない。	I haven't talked to her _____ _____ today.
彼女は**今ごろはもう**そこにいるはずだ。	She should be there _____ _____.
しばらくして，彼らは戻って来た。	_____ _____ _____, they came back.
80**歳のときに**彼は死んだ。	He died _____ _____ _____ eighty.

チーズは牛乳**から作られる**。	Cheese _____ _____ milk.
このテーブルは木**でできている**。	The table _____ _____ wood.

身につけておきたい熟語⑤ 基本動詞句

		意　味	1回目	2回目
937	depend on[upon] ...	…に頼る		
938	find out (〜)	(を)知る		
939	figure out 〜	を理解する		
940	carry out 〜	を実行する		
941	run out of ...	…を使い切る		
942	run away (from ...)	(…から)逃げる		

be 動詞を含む熟語

943	be known to ...	…に知られている		
944	be known as ...	…として知られている		

比較表現を用いた熟語

945	less than ...	…より少なく		
946	more than ...	…より多く		
947	more and more ...	ますます多くの…		
948	as many[much] as ...	…も		

身につけておきたい熟語⑥ 数量を表す熟語

949	a lot of ... / lots of ...	(数・量が)たくさんの…		
950	a few	(数が)少しはある		
951	a little	(量が)少しはある		
952	quite a few	(数が)かなりたくさんの		
953	quite a little	(量が)かなりたくさんの		
954	plenty of ...	(数・量が)たくさんの…		
955	a number of ...	(数が)いくつかの…		
956	a large[great] number of ...	(数が)(とても)多数の…		
957	a small number of ...	(数が)わずかな…		
958	hundreds of ...	何百もの…		
959	most of ...	…の大部分		
960	full of ...	…でいっぱいの		

Answers

937 depend on	938 found out	939 figure out	940 carried out
941 ran out of	942 ran away from	943 is known to	944 is known as
945 less than	946 more than	947 More and more	948 As many as

いつも私に頼っていいよ。	You can always ＿＿＿＿＿ ＿＿＿＿＿ me.
私は彼女の本名を知った。	I ＿＿＿＿＿ her real name.
私にはその理由を理解できない。	I can't ＿＿＿＿＿ the reason.
彼らは計画を実行した。	They ＿＿＿＿＿ ＿＿＿＿＿ their plan.
私たちは時間を使い切った。	We ＿＿＿＿＿ ＿＿＿＿＿ time.
彼らはイヌから逃げた。	They ＿＿＿＿＿ ＿＿＿＿＿ the dog.

| 彼の顔はみんなに知られている。 | His face ＿＿＿＿＿ ＿＿＿＿＿ ＿＿＿＿＿ everyone. |
| 彼女は偉大なピアニストとして知られている。 | She ＿＿＿＿＿ ＿＿＿＿＿ a great pianist. |

私は 10 ドルより少ないお金を持っている。	I have ＿＿＿＿＿ ＿＿＿＿＿ 10 dollars.
3 万人を超えるファンがいた。	There were ＿＿＿＿＿ 30,000 fans.
ますます多くの人がそれを使っている。	＿＿＿＿＿ ＿＿＿＿＿ people are using it.
2,000 人もの人がここで働いている。	＿＿＿＿＿ 2,000 people work here.

たくさんの観光客がそこを訪れる。	＿＿＿＿＿ ＿＿＿＿＿ ＿＿＿＿＿ tourists visit there.
その市には図書館がいくつかある。	The city has ＿＿＿＿＿ ＿＿＿＿＿ libraries.
塩を少し入れなさい。	Put in ＿＿＿＿＿ ＿＿＿＿＿ salt.
彼にはかなりたくさんの友人がいる。	He has ＿＿＿＿＿ ＿＿＿＿＿ ＿＿＿＿＿ friends.
かなりたくさんの雪が降った。	We had ＿＿＿＿＿ snow.
私たちにはたくさんの時間がある。	We have ＿＿＿＿＿ time.
この計画にはいくつかの問題がある。	This plan has ＿＿＿＿＿ problems.
とても多くの魚が死んだ。	A ＿＿＿＿＿ ＿＿＿＿＿ fish died.
わずかな間違いがあった。	There were a ＿＿＿＿＿ ＿＿＿＿＿ mistakes.
彼は何百通ものラブレターを書いた。	He wrote ＿＿＿＿＿ love letters.
彼女がそのケーキの大部分を食べた。	She ate ＿＿＿＿＿ the cake.
その部屋は人でいっぱいだった。	The room was ＿＿＿＿＿ ＿＿＿＿＿ people.

949 A lot of	950 a few	951 a little	952 quite a few
953 quite a little	954 plenty of	955 a number of	956 large number of
957 small number of	958 hundreds of	959 most of	960 full of

もっと書いてみよう!

		意　味			

Level **4** No. **961-1296**

高校で学ぶ単語Ⅱ

(336語)

Level4 でも，高校の教科書で初めて学習する単語を中心にあつめています。
また，学習する単語や熟語の数が増えます。

ここで学ぶ単語の種類

- 生産的な活動をする
- 包む・おおう／cover（おおう）が語根となる語
- 数量・まとまりに関する語
- 感情に関する語
- 身体・健康に関する語
- 正誤に関する語
- 個人に関する語
- 判断基準
- 攻撃する・攻撃的行為
- 実行・結果に関する語
- 生活に関する動詞
- 性質を表す語
- 一般的な・基本的な
- 主体的な動詞
- 人に働きかける・受け入れる
- 語根 pend（ぶら下がる）で覚える語
- 知的好奇心に関する語
- 情報・メディアに関する語
- 金銭・経済に関する語
- いっしょになることを表す動詞
- 語根 sist（動かずに立っている・その場にある）で覚える語
- 自然・地形に関する語
- 起源・もともとの状態を表す語
- 同じつづりで異なる発音の語
- 逃げる・守る・生存する
- -ever の形の語
- 場所・部分を表す語
- 感情を含む動詞
- 引き起こす・反応する
- 立場を表す語
- 姿・形に関する語
- 位置・方向などを表す語
- 扱う／認める
- 政治・社会に関する語
- 精神世界／光景・瞬間
- 戦い／生物
- よい状態・性質を表す語
- 見る・発話する
- 新旧／年長・性質を表す語
- 能力・よい概念を表す語
- 力／エネルギーに関する語
- 状態・性質を表す語
- 語根 tend（のばす）で覚える語
- 活動する・作業する
- 身につけておきたい熟語⑦ 基本動詞句
- 身につけておきたい熟語⑧ 助動詞的な働きをする熟語
- 基本動詞句
- 身につけておきたい熟語⑨ 基本動詞句
- 身につけておきたい熟語⑩ 時・頻度・条件を表す熟語
- 限定・論理展開などを表す熟語

チェックボックスの左側は音声チェック欄,右側は音読チェック欄として使おう

生産的な活動をする

			意　味	1回目	2回目	3回目
961	add	[ǽd] **アド**	を加える			
962	create	発 [kriéɪt] クリ**エ**イト	を創作する			
963	design	[dɪzáɪn] ディ**ザ**イン	を設計する			
964	print	[prínt] プ**リ**ント	(を)印刷する			
965	complete	ア [kəmplíːt] コンプ**リ**ート	を完成する			
966	recycle	発 [rìːsáɪkəl] リー**サ**イクる	を再生利用する			
967	breed	[bríːd] ブ**リ**ード	を飼育する			
968	influence	ア [ínfluəns] **イ**ンふるエンス	に影響を与える			

包む・おおう／cover（おおう）が語根となる語

			意　味	1回目	2回目	3回目
969	wrap	[rǽp] **ラぁ**プ	を包む			
970	cover	[kávər] **カ**ヴァ	をおおう			
971	decorate	ア [dékərèɪt] **デ**コレイト	を飾る			
972	pack	[pǽk] **パぁ**ク	(を)荷作りする			
973	discover	発 ア [dɪskávər] ディス**カ**ヴァ	を発見する			
974	recover	[rɪkávər] リ**カ**ヴァ	(を)回復する			

数量・まとまりに関する語

			意　味	1回目	2回目	3回目
975	single	[síŋgəl] **ス**ィングる	ただひとつ(ひとり)の			
976	twice	発 [twáɪs] ト**ワ**イス	2度			
977	double	発 [dábəl] **ダ**ブる	2重の			
978	quarter	[kwɔ́ːrtər] ク**ウォ**ータ	4分の1			
979	bit	[bít] **ビ**ット	かけら			
980	piece	発 [píːs] **ピ**ース	ひとつ			
981	pair	[péər] **ペ**ア	1組			
982	couple	発 [kápəl] **カ**プる	1対			
983	million	[míljən] **ミ**リオン	100万			
984	billion	[bíljən] **ビ**リオン	10億			

感情に関する語

			意　味	1回目	2回目	3回目
985	anger	[ǽŋgər] **ア**ンガ	怒り			
986	emotion	[ɪmóuʃən] イ**モ**ウション	(強い)感情			
987	passion	[pǽʃən] **パぁ**ション	情熱			
988	favor	発 [féɪvər] **ふェ**イヴァ	好意, 親切な行為			

Answers

961 add　962 created　963 designed　964 print　965 completed　966 recycle　967 breeds
968 influenced　969 wrap　970 Cover　971 decorate　972 packed　973 discovered　974 recovered
975 single　976 twice　977 double　978 quarter　979 bits　980 piece　981 pair　982 couple
983 millions　984 Billions　985 anger　986 emotion　987 passion　988 favor

私は砂糖**を加える**のを忘れた。	I forgot to _____ the sugar.
彼は独創的な音楽**を創作した**。	He _____ original music.
そのビルはケリーによって**設計**された。	The building was _____ by Kelly.
この報告書**を印刷する**必要がある。	I need to _____ this report.
まもなくそのビルは**完成**されるだろう。	The building will be _____ soon.
私たちはすべての古紙**を再生利用している**。	We _____ all our waste paper.
私のおじは北海道でヒツジ**を飼育している**。	My uncle _____ sheep in Hokkaido.
その映画は私の人生**に影響を与えた**。	The movie _____ my life.

これらのクリスマスプレゼント**を包ん**でもらえますか。	Can you _____ these Christmas presents?
何かでソファ**をおおって**。	_____ the sofa with something.
ケーキを**飾り付けする**のを手伝うよ。	I'll help you _____ the cake.
彼女はすばやくかばん**を荷作りした**。	She quickly _____ the bag.
だれがこの島を**発見**しましたか。	Who _____ this island?
彼女はかぜから**回復した**。	She _____ from the cold.

彼らは**たったの１**点差で勝った。	They won by a _____ point.
彼とは**２度**会っただけです。	I've only met him _____.
この単語には**２重の**意味がある。	This word has a _____ meaning.
物価は**4分の1**下がった。	Prices have fallen by a _____.
割れたガラスの**かけら**を拾って。	Pick up _____ of broken glass.
もう**ひとつ**ケーキをお食べなさい。	Have another _____ of cake.
私は**1組**の手袋を買った。	I bought a _____ of gloves.
私は**1対**のカップを持っている。	I have a _____ of cups.
その歌手は何**百万**ドルも稼いでいる。	The singer makes _____ of dollars.
何**十億円**のお金が無駄になった。	_____ of yen were wasted.

彼は**怒り**を込めて話した。	He spoke with _____.
彼らは**感情**を込めてその楽曲を演奏した。	They played the music with _____.
彼女は**情熱**を持ってスペインについて語った。	She talked about Spain with _____.
あなたに**お願い**があるのですが。	May I ask a _____ of you?

身体・健康に関する語

			意　味	1回目	2回目	3回目
989	blood	発 [blʌ́d] ブラッド	血(液)			
990	breath	発 [bréθ] ブレす	呼吸			
991	wound	発 [wúːnd] ウーンド	(刃物・銃弾などで)を傷つける			
992	disease	発 ア [dɪzíːz] ディズィーズ	病気			
993	headache	発 ア [hédèɪk] ヘデイク	頭痛			
994	medicine	ア [médəsən] メディスン	薬			
995	cure	発 [kjúər] キュア	治療(法)			
996	mental	[méntəl] メントる	精神の			
997	physical	発 [fízɪkəl] ふィズィカる	肉体の			
998	athlete	ア [ǽθliːt] あすリート	運動選手			
999	vision	[víʒən] ヴィヂョン	視力			

正誤に関する語

			意　味	1回目	2回目	3回目
1000	correct	[kərékt] コレクト	正しい			
1001	mistake	[məstéɪk] ミステイク	間違い			
1002	false	発 [fɔ́ːls] ふォーるス	いつわりの			

個人に関する語

			意　味	1回目	2回目	3回目
1003	personality	ア [pə̀ːrsənǽlɪti] パ〜ソナありティ	個性			
1004	habit	[hǽbət] ハぁビット	(個人の)習慣			
1005	private	[práɪvət] プライヴェト	個人的な			
1006	personal	[pə́ːrsənəl] パ〜ソナる	個人の			
1007	individual	ア [ìndəvídʒuəl] インディヴィヂュアる	個々の			
1008	background	[bǽkgràʊnd] バぁクグラウンド	生い立ち			

判断基準

			意　味	1回目	2回目	3回目
1009	condition	ア [kəndíʃən] コンディション	状態			
1010	degree	ア [dɪgríː] ディグリー	(温度・角度などの)度			
1011	scale	[skéɪl] スケイる	体重計			
1012	speed	[spíːd] スピード	速さ			
1013	term	[tə́ːrm] タ〜ム	学期			
1014	score	[skɔ́ːr] スコーア	得点			
1015	difference	ア [dífərəns] ディふァレンス	違い			
1016	imagination	ア [ɪmæ̀dʒənéɪʃən] イマぁヂネイション	想像(力)			

nswers

989 blood　990 breath　991 wounded　992 disease　993 headache　994 medicine　995 cure　996 mental
997 physical　998 athlete　999 vision　1000 correct　1001 mistakes　1002 false　1003 personality

私は昨日献血をした。	I gave some ＿＿＿ yesterday.
私は深呼吸をした。	I took a deep ＿＿＿.
数人が負傷した。	Several people were ＿＿＿.
彼は病気で死んだ。	He died of a ＿＿＿.
頭痛が本当にひどかった。	I had a really bad ＿＿＿.
彼は胃の薬を飲んでいる。	He takes ＿＿＿ for his stomach.
それに対する治療法はない。	There is no ＿＿＿ for it.
運動は精神の健康のためによい。	Exercise is good for ＿＿＿ health.
彼は肉体労働をするのが好きだ。	He likes to do ＿＿＿ work.
メグは卓越した運動選手だ。	Meg is an excellent ＿＿＿.
私の祖父の視力はよくない。	My grandfather's ＿＿＿ is not good.

それらを正しい順番に並べなさい。	Put them in the ＿＿＿ order.
だれもが間違いをするものだ。	Everybody makes ＿＿＿.
彼はいつわりの名前を使った。	He gave a ＿＿＿ name.

彼女はとても強烈な個性を持っていた。	She had a very strong ＿＿＿.
私は悪習を断ち切った。	I broke a bad ＿＿＿.
私は彼の個人的な生活について知っている。	I know about his ＿＿＿ life.
それは私個人の意見です。	That is my ＿＿＿ opinion.
食べ物は個々の容器に入っていました。	The food was in ＿＿＿ packages.
あなたはその作家の生い立ちを知っていますか。	Do you know the writer's ＿＿＿?

車は良好な状態だ。	The car is in excellent ＿＿＿.
今，気温は35度だ。	The temperature is 35 ＿＿＿ now.
私は体重計の上に立った。	I stood on the ＿＿＿.
光の速さはどのくらいですか。	What is the ＿＿＿ of light?
私は今学期，歴史を学ぶ。	I will study history this ＿＿＿.
得点は5対0だった。	The ＿＿＿ was five to nothing.
それらの間に違いはない。	There is no ＿＿＿ between them.
想像力を働かせなさい。	Use your ＿＿＿.

1004 habit　1005 private　1006 personal　1007 individual　1008 background　1009 condition　1010 degrees
1011 scale　1012 speed　1013 term　1014 score　1015 difference　1016 imagination

DATE　　　　　・　　・

攻撃する・攻撃的行為

			意　味	1回目	2回目	3回目
1017	attack	[ətǽk] アタぁク	(を)攻撃する			
1018	hit	[hít] ヒット	(を)打つ			
1019	beat	[bíːt] ビート	(を)たたく			
1020	bite	[báɪt] バイト	(を)かむ			
1021	hunt	[hʌ́nt] ハント	(を)狩る			
1022	fight	[fáɪt] ふァイト	(と)戦う			
1023	shoot	発 [ʃúːt] シュート	(を)撃つ			
1024	hurt	発 [hə́ːrt] ハート	を傷つける			
1025	kill	[kíl] キる	を殺す			
1026	destroy	ア [dɪstrɔ́ɪ] ディストロイ	を破壊する			

実行・結果に関する語

1027	effort	ア [éfərt] エ．ふァト	努力			
1028	experience	ア [ɪkspíəriəns] イクスピアリエンス	経験			
1029	success	発 ア [səksés] サクセス	成功			
1030	result	[rɪzʌ́lt] リザるト	結果			

生活に関する動詞

1031	prepare	[prɪpéər] プリペア	(の)準備をする			
1032	reach	[ríːtʃ] リーチ	に到着する			
1033	quit	[kwít] クウィット	(を)やめる			
1034	swallow	[swɑ́ːlou] スワろウ	を飲み込む			
1035	roll	[róul] ロウる	転がる			
1036	hang	[hǽŋ] ハぁング	を掛ける			
1037	search	[sə́ːrtʃ] サ〜チ	(を)さがす			
1038	sigh	発 [sáɪ] サイ	ため息をつく			

性質を表す語

1039	honest	発 [ɑ́ːnəst] アネスト	正直な			
1040	gentle	[dʒéntəl] ヂェントる	優しい			
1041	brave	[bréɪv] ブレイヴ	勇敢な			
1042	nervous	発 [nə́ːrvəs] ナ〜ヴァス	神経質な			
1043	sensitive	[sénsətɪv] センサティヴ	敏感な			
1044	stupid	[st(j)úːpəd] ストゥ[テュ]ーピッド	愚かな			

Answers

1017 attacked　1018 Hit　1019 beating　1020 bite　1021 hunted　1022 fought　1023 shooting　1024 hurt
1025 kill　1026 destroyed　1027 efforts　1028 experience　1029 success　1030 result　1031 prepare
1032 reach　1033 quit　1034 Swallow　1035 rolled　1036 hang　1037 searched　1038 sighed　1039 honest
1040 gentle　1041 brave　1042 nervous　1043 sensitive　1044 stupid

その話し手は彼の意見を攻撃した。	The speaker ＿＿＿＿＿ his opinion.
バットでボールを打ちなさい。	＿＿＿＿＿ a ball with a bat.
彼はドラムをたたいていた。	He was ＿＿＿＿＿ a drum.
そのイヌはあなたをかむかもしれない。	The dog may ＿＿＿＿＿ you.
彼らはクマを狩った。	They ＿＿＿＿＿ a bear.
祖父はその戦争で戦った。	My grandfather ＿＿＿＿＿ in the war.
狩人たちが鳥を撃っていた。	The hunters were ＿＿＿＿＿ birds.
彼女の気持ちを傷つけないで。	Don't ＿＿＿＿＿ her feelings.
彼らはクマを殺さなければならなかった。	They had to ＿＿＿＿＿ the bear.
その嵐は多くの家を破壊した。	The storm ＿＿＿＿＿ many houses.

彼は勝つためにとても努力した。	He made great ＿＿＿＿＿ to win.
それはとてもよい経験でした。	It was a very nice ＿＿＿＿＿.
成功の可能性が高い。	There's a good chance of ＿＿＿＿＿.
私はその結果に満足した。	I was happy with the ＿＿＿＿＿.

朝食の準備をしましょう。	Let's ＿＿＿＿＿ for breakfast.
私たちはまもなく頂上に到着するだろう。	We will ＿＿＿＿＿ the top soon.
彼は仕事をやめた。	He ＿＿＿＿＿ his job.
夕食後に2錠飲みなさい。	＿＿＿＿＿ two pills after dinner.
そのボールは通りに転がっていった。	The ball ＿＿＿＿＿ into the street.
向こうにコートを掛けてください。	Please ＿＿＿＿＿ your coat over there.
彼女はかぎをさがした。	She ＿＿＿＿＿ for her keys.
彼は深くため息をついた。	He ＿＿＿＿＿ deeply.

ジョーは正直な若者だ。	Joe is an ＿＿＿＿＿ young man.
赤ちゃんに優しく接しなさい。	Be ＿＿＿＿＿ with the baby.
彼女を助けるなんて君は勇敢だった。	You were ＿＿＿＿＿ to save her.
神経質になるなよ—うまくいくって。	Don't be ＿＿＿＿＿ — you'll be fine.
彼は敏感な子どもだ。	He is a ＿＿＿＿＿ child.
私は愚かなミスを犯した。	I made a ＿＿＿＿＿ mistake.

103

DATE　　・　　・

一般的な・基本的な

			意　味	1回目	2回目	3回目
1045	basic	[béɪsɪk] ベイスィク	基本的な			
1046	necessary	[ア] [nésəsèri] ネセセリ	必要な			
1047	usual	[júːʒuəl] ユーヂュアる	いつもの			
1048	ordinary	[ア] [ɔ́ːrdənèri] オーディネリ	ふつうの			
1049	daily	[déɪli] デイリ	毎日の			
1050	typical	[発] [ア] [típɪkəl] ティピクる	典型的な			
1051	domestic	[dəméstɪk] ドメスティク	国内の			
1052	universal	[jùːnəvə́ːrsəl] ユーニヴァ〜さる	世界共通の			
1053	fundamental	[fʌ̀ndəméntəl] ふァンダメンタる	基本的な			

主体的な動詞

			意　味	1回目	2回目	3回目
1054	lead	[líːd] リード	(を)導く			
1055	conduct	[ア] [kəndʌ́kt] コンダクト	(を)指揮する			
1056	control	[ア] [kəntróʊl] コントロウる	を支配する			
1057	offer	[ア] [ɔ́(ː)fər] オ(ー)ふァ	を申し出る			
1058	dive	[dáɪv] ダイヴ	飛び込む			

人に働きかける・受け入れる

			意　味	1回目	2回目	3回目
1059	greet	[gríːt] グリート	にあいさつをする			
1060	cheer	[発] [tʃíər] チア	(に)歓声を上げる			
1061	praise	[préɪz] プレイズ	をほめる			
1062	respect	[ア] [rɪspékt] リスペクト	を尊敬する			
1063	forgive	[ア] [fərgív] ふァギヴ	(を)許す			
1064	convince	[kənvíns] コンヴィンス	に納得させる			
1065	absorb	[əbzɔ́ːrb] アブゾーブ	を吸い込む			

語根 pend（ぶら下がる）で覚える語

			意　味	1回目	2回目	3回目
1066	depend	[ア] [dɪpénd] ディペンド	《depend on[upon]... で》…しだいである			
1067	independent	[ア] [ìndɪpéndənt] インディペンデント	独立した			
1068	expensive	[ア] [ɪkspénsɪv] イクスペンスィヴ	高価な			

知的好奇心に関する語

			意　味	1回目	2回目	3回目
1069	joke	[dʒóʊk] ヂョウク	冗談			
1070	mystery	[místəri] ミステリ	なぞ			
1071	trick	[trík] トリック	いたずら			
1072	clue	[klúː] クるー	手がかり			

Answers

1045 basic　1046 necessary　1047 usual　1048 ordinary　1049 daily　1050 typical　1051 domestic　1052 universal

ここには2つの**基本的な**問題があります。	There are two _____ problems here.
ペンを使う**必要**がある。	It's _____ to use a pen.
私は**いつもの**ハンバーガーを注文した。	I ordered my _____ hamburger.
またいつもの**ふつうの**1日だった。	It was just another _____ day.
私に君の**毎日の**生活について教えてください。	Tell me about your _____ life.
これは**典型的な**日本家屋です。	This is a _____ Japanese house.
鹿児島へ(飛行機の)**国内**線で行きなさい。	Take a _____ flight to Kagoshima.
音楽は**世界共通**語である。	Music is a _____ language.
基本的人権を尊重すべきだ。	You should respect _____ human rights.
彼女はチーム**を**勝利に**導いた**。	She _____ the team to victory.
彼はいつかブラームスの音楽**を指揮し**たいと思っている。	He wants to _____ Brahms someday.
かつてイギリスは7つの海**を支配した**。	Britain once _____ the seven seas.
私たちは彼に援助**を申し出た**。	We _____ him help.
私はプールに**飛び込んだ**。	I _____ into the pool.
彼らはお互い**にあいさつをした**。	They _____ each other.
試合でファンは**歓声を上げた**。	The fans _____ at the game.
彼らは彼女の仕事ぶり**をほめた**。	They _____ her for her work.
私は彼の勇気**を尊敬する**。	I _____ his courage.
彼は私**を許して**くれないだろう。	He won't _____ me.
私は彼女**に納得させ**ようとした。	I tried to _____ her.
これらのペーパータオルはすぐに水**を吸う**。	These paper towels _____ water quickly.
それはあなたのスケジュール**しだいだ**。	It _____ on your schedule.
彼は両親から**独立している**。	He is _____ of his parents.
そのコンピュータはとても**高価**だ。	The computer is very _____.
何かおもしろい**冗談**を知っていますか。	Do you know any good _____?
その原因は依然として**なぞ**である。	The cause is still a _____.
トムはしばしば私たちに**いたずら**をする。	Tom often plays _____ on us.
警察は重要な**手がかり**を見つけた。	Police have found an important _____.

1053 fundamental　1054 led　1055 conduct　1056 controlled　1057 offered　1058 dived　1059 greeted
1060 cheered　1061 praised　1062 respect　1063 forgive　1064 convince　1065 absorb　1066 depends
1067 independent　1068 expensive　1069 jokes　1070 mystery　1071 tricks　1072 clue

情報・メディアに関する語

			意　味	1回目	2回目	3回目
1073	newspaper	[n(j)úːzpèɪpər] ニュ[ヌ]ーズペイパ	新聞			
1074	envelope	[énvəlòup] エンヴェろウプ	封筒			
1075	label	発 [léɪbəl] れイブる	ラベル			
1076	title	[táɪtəl] タイトる	題名			
1077	topic	[táːpɪk] タピック	話題			
1078	information	ア [ìnfərméɪʃən] インふォメイション	情報			
1079	copy	[káːpi] カピ	複写・コピー			

金銭・経済に関する語

			意　味	1回目	2回目	3回目
1080	price	[práɪs] プライス	値段			
1081	value	発 [vǽljuː] ヴぁリュー	価値			
1082	cost	[kɔ́(ː)st] コ(ー)スト	費用			
1083	company	[kʌ́mpəni] カムパニ	会社			
1084	sale	[séɪl] セイる	販売			
1085	trade	[tréɪd] トレイド	貿易			
1086	cheap	[tʃíːp] チープ	安い			

いっしょになることを表す動詞

			意　味	1回目	2回目	3回目
1087	belong	ア [bɪlɔ́(ː)ŋ] ビろ(ー)ング	所属している			
1088	mix	[míks] ミクス	を混ぜる			
1089	marry	[mǽri] マぁリ	(と)結婚する			

語根 sist（動かずに立っている・その場にある）で覚える語

			意　味	1回目	2回目	3回目
1090	assist	[əsíst] アシスト	(を)補助する			
1091	exist	発 ア [ɪgzíst] イグズィスト	存在する			
1092	insist	ア [ɪnsíst] インスィスト	(を)主張する			

自然・地形に関する語

			意　味	1回目	2回目	3回目
1093	nature	[néɪtʃər] ネイチャ	自然			
1094	grass	[grǽs] グラぁス	草			
1095	ocean	[óuʃən] オウシャン	海			
1096	wave	[wéɪv] ウェイヴ	波			
1097	coast	[kóust] コウスト	沿岸			
1098	cave	[kéɪv] ケイヴ	洞くつ			
1099	sand	[sǽnd] サぁンド	砂			
1100	mud	[mʌ́d] マッド	どろ			

Answers

1073 newspaper　　1074 envelope　1075 label　1076 title　1077 topic　1078 information
1079 copy　1080 price　1081 value　1082 cost　1083 company　1084 sales　1085 Trade　1086 cheap
1087 belong　1088 Mix　1089 marry　1090 assisted　1091 exist　1092 insisted　1093 nature　1094 grass
1095 ocean　1096 wave　1097 coast　1098 cave　1099 sand　1100 mud

これは君の**新聞**ですか。	Is this your _____ ?
彼は**封筒**に切手を貼った。	He put stamps on the _____ .
ラベルには「ドイツ製」と書いてある。	The _____ says, "Made in Germany."
私はその映画の**題名**が思い出せない。	I can't remember the film's _____ .
後ほどその**話題**について話し合うつもりだ。	We will discuss that _____ later.
もっと**情報**が必要だ。	I need more _____ .
その書類の**コピー**をとって。	Make a _____ of the document.

食べ物の**値段**が上がっている。	The _____ of food is rising.
この絵には高い**価値**がある。	This painting has a high _____ .
食費が減っている。	The _____ of food is decreasing.
彼は自分の**会社**を経営している。	He runs his own _____ .
最近，車の**売れ行き**はどうですか。	How are car _____ these days?
その2国間の**貿易**が増加した。	_____ between the two countries increased.
安いかさを買おう。	I'll get a _____ umbrella.

私は水泳部に**所属している**。	I _____ to the swimming club.
牛乳と小麦粉**を混ぜなさい**。	_____ the milk and flour.
私**と結婚して**くれませんか。	Will you _____ me?

ピーターはメアリーの勉強**を手助けした**。	Peter _____ Mary in her study.
幽霊は本当に**存在する**と思いますか。	Do you think ghosts really _____ ?
彼は夕食代を支払うと**主張した**。	He _____ on paying for dinner.

私は**自然**の中で暮らしたい。	I want to live in _____ .
それは**草地**に立っていた。	It stood in a _____ field.
海で泳ぐのが好きです。	I like swimming in the _____ .
巨大な**波**が船にぶつかった。	A huge _____ hit the ship.
沿岸では雨が降っている。	It's raining on the _____ .
少年たちは**洞くつ**の中に入っていった。	The boys went into the _____ .
子どもたちは**砂**の城を作った。	The children made a _____ castle.
彼女の靴は**どろ**だらけだった。	Her shoes were covered with _____ .

起源・もともとの状態を表す語

			意　味	1回目	2回目	3回目
1101	birth	[bə́ːrθ] バ〜す	誕生			
1102	origin	発 ア [ɔ́ːrədʒɪn] オーリヂン	起源			
1103	root	[rúːt] ルート	ルーツ			
1104	original	ア [ərídʒənəl] アリヂヌル	最初の			
1105	raw	発 ア [rɔ́ː] ロー	生の			
1106	bare	[béər] ベア	裸の			

同じつづりで異なる発音の語

			意　味	1回目	2回目	3回目
1107	wind	発 [wínd] ウィンド	風			
1108	wind	発 [wáɪnd] ワインド	を巻く			
1109	minute	発 [mínit] ミニット	分			
1110	minute	発 ア [maɪnjúːt] マイニュート	きわめて小さい			
1111	tear	発 [tíər] ティア	涙			
1112	tear	発 [téər] テア	を破る			
1113	close	発 [klóuz] クロウズ	を閉める			
1114	close	発 [klóus] クロウス	近い			

逃げる・守る・生存する

			意　味	1回目	2回目	3回目
1115	escape	ア [ɪskéɪp] イスケイプ	逃げる			
1116	hide	[háɪd] ハイド	隠れる			
1117	protect	ア [prətékt] プロテクト	(危険などから)を守る			
1118	preserve	[prizə́ːrv] プリザ〜ヴ	を保存する			
1119	maintain	ア [meɪntéɪn] メインテイン	を維持する			
1120	protest	ア [prətést] プロテスト	抗議する			
1121	breathe	発 [bríːð] ブリーず	息をする			
1122	survive	ア [sərváɪv] サヴァイヴ	(を)生き残る			
1123	rescue	[réskjuː] レスキュー	を救う			
1124	aid	[éɪd] エイド	援助			
1125	guard	[gáːrd] ガード	警備員(隊)			

-ever の形の語

			意　味	1回目	2回目	3回目
1126	whenever	[wenévər] ウェネヴァ	～するときはいつでも			
1127	wherever	[weərévər] ウェアレヴァ	～するところならどこでも			
1128	however	[hauévər] ハウエヴァ	しかしながら			

Answers

1101 birth　1102 origin　1103 roots　1104 original　1105 raw　1106 bare　1107 wind　1108 wind
1109 minutes　1110 minute　1111 tears　1112 tore　1113 close　1114 close　1115 escaped　1116 hid

彼の**生誕**地はどこですか。	Where is his ＿＿＿＿＿＿ place?
この語の**起源**はドイツ語だ。	This word is German in ＿＿＿＿＿＿.
ジャズの**ルーツ**はアフリカにある。	Jazz has its ＿＿＿＿＿＿ in Africa.
私の**最初の**計画は変更された。	My ＿＿＿＿＿＿ plan was changed.
その肉はまだ**生**だ。	The meat is still ＿＿＿＿＿＿.
私は**裸足**で歩いた。	I walked in my ＿＿＿＿＿＿ feet.

外は**風**が吹いていた。	Outside, the ＿＿＿＿＿＿ was blowing.
この時計はねじ**を巻か**なければならない。	You have to ＿＿＿＿＿＿ this clock.
彼女は 10 **分**で着くだろう。	She will arrive in ten ＿＿＿＿＿＿.
違いはきわめて**わずか**だった。	The difference was very ＿＿＿＿＿＿.
彼の目は**涙**でいっぱいだった。	His eyes were filled with ＿＿＿＿＿＿.
私はズボン**を破いた**。	I ＿＿＿＿＿＿ my pants.
ドア**を閉めて**くれませんか。	Will you ＿＿＿＿＿＿ the door, please?
京都は奈良に**近い**。	Kyoto is ＿＿＿＿＿＿ to Nara.

彼らはその部屋から**逃げた**。	They ＿＿＿＿＿＿ from the room.
ウサギが木の陰に**隠れた**。	The rabbit ＿＿＿＿＿＿ behind the tree.
我々は環境**を守ら**なくてはならない。	We must ＿＿＿＿＿＿ the environment.
これらの古い本**を保存して**おこう。	Let's ＿＿＿＿＿＿ these old books.
彼らは友好関係**を維持した**。	They ＿＿＿＿＿＿ their friendship.
我々はその戦争に**抗議した**。	We ＿＿＿＿＿＿ against the war.
ほとんど**息をする**ことができなかった。	I could hardly ＿＿＿＿＿＿.
彼女は飛行機の墜落事故**を生き延びた**。	She ＿＿＿＿＿＿ the plane crash.
消防士がその家族**を救った**。	The firefighters ＿＿＿＿＿＿ the family.
政府は人民に**援助**をおこなった。	The government gave the people ＿＿＿＿＿＿.
門に**警備員**を配置して。	Set a ＿＿＿＿＿＿ at the gate.

ひまな**ときはいつでも**私に電話して。	Call me ＿＿＿＿＿＿ you are free.
あなたが行く**ところならどこでも**私はついていく。	I'll follow you ＿＿＿＿＿＿ you go.
彼は一生懸命努力した。**しかし**，失敗した。	He tried hard. ＿＿＿＿＿＿, he failed.

1117 protect　　1118 preserve　　1119 maintained　　1120 protested　　1121 breathe　　1122 survived　　1123 rescued
1124 aid　　1125 guard　　1126 whenever　　1127 wherever　　1128 However

DATE ・ ・

場所・部分を表す語

			意　味	1回目	2回目	3回目
1129	center	[séntər] センタ	中心			
1130	middle	[mídəl] ミドる	中央			
1131	bottom	発 [bάːtəm] バトム	底			
1132	somewhere	[sʌ́mwèər] サムウェア	どこかで			
1133	anywhere	[éniwèər] エニウェア	《疑問文・if節で》どこかに			
1134	nowhere	[nóuwèər] ノウウェア	どこにも～ない			

感情を含む動詞

1135	surprise	ア [sərpráɪz] サプライズ	を驚かせる			
1136	embarrass	ア [ɪmbǽrəs] エムバぁラス	に恥ずかしい思いをさせる			
1137	wonder	[wʌ́ndər] ワンダ	(を)不思議に思う			
1138	relax	ア [rɪlǽks] りらぁクス	くつろぐ			
1139	satisfy	ア [sǽtəsfàɪ] サぁティスふァイ	を満足させる			

引き起こす・反応する

1140	cause	発 [kɔ́ːz] コーズ	を引き起こす			
1141	affect	ア [əfékt] アふェクト	に影響する			
1142	react	発 [riǽkt] リあクト	反応する			

立場を表す語

1143	lonely	[lóunli] ろウンリ	孤独な			
1144	responsible	ア [rɪspάːnsəbəl] リスパンスィブる	責任のある			

姿・形に関する語

1145	thick	[θík] すィック	厚い			
1146	fat	[fǽt] ふぁット	太った			
1147	thin	[θín] すィン	薄い			
1148	height	発 [háɪt] ハイト	高さ			
1149	weight	発 [wéɪt] ウェイト	重さ			

位置・方向などを表す語

1150	central	[séntrəl] セントラる	中心の，主要な			
1151	ahead	ア [əhéd] アヘッド	前方に			
1152	further	[fə́ːrðər] ふァーざ	それ以上の			
1153	former	[fɔ́ːrmər] ふォーマ	前の			
1154	latter	[lǽtər] らぁタ	《通常 the ～で》あとの			
1155	previous	[príːviəs] プリーヴィアス	(時間・順序が)前の			
1156	following	[fάːlouɪŋ] ふァろウイング	以下の			

nswers

1129 center 　1130 middle 　1131 bottom 　1132 somewhere 　1133 anywhere 　1134 nowhere 　1135 surprised

110

椅子を**中心**に動かして。	Move the chair to the ⬚.
彼らは**中央**車線を車で走った。	They drove in the ⬚ lane.
その船は**底**に沈んだ。	The ship sank to the ⬚.
どこかでランチを食べよう。	Let's have lunch ⬚.
あなたは昨日**どこか**に行きましたか。	Did you go ⬚ yesterday?
座る場所は**どこにもなかった**。	There was ⬚ to sit down.

彼の変な質問は彼女**を驚かせた**。	His strange question ⬚ her.
私**に恥ずかしい**思いをさせないで。	Don't ⬚ me.
なぜ彼が欠席なのか**不思議に思った**。	I ⬚ why he was absent.
ひと休みして**くつろぎなさい**。	Take a rest and ⬚.
私はそれに**満足して**いない。	I'm not ⬚ with it.

はい，私が事故**を起こしました**。	Yes, I ⬚ the accident.
その新しい法律は私**に影響し**ないだろう。	The new law won't ⬚ me.
それに対して彼女はどう**反応**しましたか。	How did she ⬚ to it?

| **孤独**に感じたら，私に電話して。 | If you feel ⬚, call me. |
| 君は自分の行動に対して**責任がある**。 | You are ⬚ for your actions. |

とても**厚い**サンドイッチだね。	That's a very ⬚ sandwich!
あの**太った**ネコを見てごらん。	Look at that ⬚ cat.
壁が**薄**すぎる。	The walls are too ⬚.
北岳は**高さ**3,193 メートルだ。	Kitadake is 3,193 meters in ⬚.
この箱の**重さ**を当ててみて。	Guess the ⬚ of this box.

ジェームズは**中心的**役割を果たした。	James played a ⬚ role.
200 メートルまっすぐ**前方に**行きなさい。	Go straight ⬚ for 200 meters.
そのことについて**それ以上の**情報が欲しい。	I want ⬚ information about that.
彼は**前の**市長だ。	He is a ⬚ mayor.
番組の**あとの**ほうは退屈だった。	The program's ⬚ part was boring.
私は**前の**所有者を知っている。	I know the ⬚ owner.
我々は**以下の**情報を必要としている。	We need the ⬚ information.

1136 embarrass　1137 wondered　1138 relax　1139 satisfied　1140 caused　1141 affect　1142 react　1143 lonely
1144 responsible　1145 thick　1146 fat　1147 thin　1148 height　1149 weight　1150 central　1151 ahead
1152 further　1153 former　1154 latter　1155 previous　1156 following

扱う／認める

			意 味	1回目	2回目	3回目
1157	treat	発 [tríːt] トリート	を扱う			
1158	recognize	ア [rékəgnàɪz] レコグナイズ	が(だれ・何である か)わかる			
1159	confirm	[kənfɔ́ːrm] カンふァ〜ム	を確認する			
1160	appreciate	ア [əpríːʃièɪt] アプリーシエイト	に感謝する			
1161	accept	ア [əksépt] アクセプト	を受け入れる			
1162	allow	発 ア [əláʊ] アらウ	を許す			

政治・社会に関する語

1163	nation	[néɪʃən] ネイション	国(家)			
1164	state	[stéɪt] ステイト	州			
1165	community	ア [kəmjúːnɪti] コミューニティ	地域社会			
1166	law	[lɔ́ː] ろー	法律			
1167	policy	[páːləsi] パリスィ	政策			
1168	police	ア [pəlíːs] ポリース	《the 〜で》警察			
1169	civilization	ア [sìvələzéɪʃən] スィヴィりゼイション	文明			
1170	system	[sístəm] スィステム	制度			

精神世界／光景・瞬間

1171	god	[gáːd] ガッド	神			
1172	heaven	[hévən] ヘヴン	天国			
1173	sight	発 [sáɪt] サイト	光景			
1174	moment	[móʊmənt] モウメント	瞬間			

戦い／生物

1175	race	[réɪs] レイス	競争			
1176	match	[mǽtʃ] マぁチ	試合			
1177	quarrel	[kwɔ́ːrəl] クウォーラる	口論			
1178	enemy	ア [énəmi] エネミ	敵			
1179	strength	発 [stréŋkθ] ストレング[ク]す	力			
1180	creature	発 [kríːtʃər] クリーチャ	生き物			
1181	insect	ア [ínsekt] インセクト	昆虫			
1182	brain	[bréɪn] ブレイン	脳			
1183	fur	[fɔ́ːr] ふァ〜	毛皮			
1184	tail	[téɪl] ティる	しっぽ			

Answers

1157 treated	1158 recognized	1159 confirmed	1160 appreciate	1161 accept	1162 allowed	1163 nations
1164 state	1165 community	1166 law	1167 policy	1168 police	1169 civilization	1170 system
1171 god	1172 heaven	1173 sight	1174 moment	1175 race	1176 match	1177 quarrel	1178 enemies
1179 strength	1180 creatures	1181 insect	1182 brain	1183 fur	1184 tail		

彼らは私を優しく**扱った**。	They _____ me kindly.
私はすぐに彼女だと**わかった**。	I _____ her at once.
彼は彼女にその事実**を確認した**。	He _____ the fact with her.
あなたの援助**に本当に感謝します**。	I really _____ your help.
彼女はその申し出**を受け入れる**ことに決めた。	She decided to _____ the offer.
彼は私がそこに行くこと**を許した**。	He _____ me to go there.

７つの**国**がそのグループに含まれる。	Seven _____ are in that group.
彼はフロリダ**州**で生まれた。	He was born in Florida _____.
地域社会は彼女を温かく迎えた。	The _____ welcomed her warmly.
それは**法律**に反している。	That is against the _____.
私は政府の**政策**に賛成しない。	I don't agree with the government's _____.
警察が彼をさがしている。	The _____ are looking for him.
非常に古い**文明**である。	It is a very old _____.
私たちにとってよい**制度**だ。	It's a good _____ for us.

マルスは戦いの**神**であった。	Mars was the _____ of war.
私は彼女が**天国**にいると信じている。	I believe she is in _____.
私はこのすばらしい**光景**を決して忘れないだろう。	I'll never forget this wonderful _____.
その**瞬間**，ドアが開いた。	The door opened at that _____.

彼はその**競争**に参加した。	He took part in the _____.
私たちはその**試合**をテレビで見た。	We watched the _____ on TV.
私は彼と**口論**した。	I had a _____ with him.
彼女には**敵**はいなかった。	She didn't have any _____.
その選手たちの**力**はすばらしい。	The players' _____ is amazing.
海には多くの**生き物**が生息している。	Many _____ live in the ocean.
この**虫**の名前は何ですか。	What's the name of this _____?
飲酒が**脳**を害することがある。	Drinking may damage your _____.
その女性は**毛皮**のコートを着ていた。	The woman wore a _____ coat.
パンダの**しっぽ**はとても短い。	A panda's _____ is very short.

よい状態・性質を表す語

			意　味	1回目	2回目	3回目
1185	pleasant	発 [plézənt] プれザント	楽しい			
1186	delightful	[dɪláɪtfəl] ディらイトふる	ゆかいにさせる			
1187	comfortable	ア [kʌ́mftəbəl] カムふォタブる	快適な			
1188	smart	[smáːrt] スマート	頭のよい			
1189	polite	[pəláɪt] ポらイト	礼儀正しい			
1190	excellent	ア [éksələnt] エクセレント	優れた			
1191	ideal	発 [aɪdíːəl] アイディーアる	理想的な			
1192	fit	[fít] ふィット	適した			
1193	proper	[práːpər] プラパ	適切な			
1194	helpful	[hélpfəl] へるプふる	役に立つ			
1195	worth	発 [wə́ːrθ] ワ〜す	〜の価値がある			

見る・発話する

1196	stare	[stéər] ステア	(を)じっと見つめる			
1197	pronounce	ア [prənáʊns] プロナウンス	を発音する			
1198	scream	[skríːm] スクリーム	悲鳴をあげる			

新旧／年長・性質を表す語

1199	elder	[éldər] エるダ	《ふたりの兄弟・姉妹のうち》年上の			
1200	elderly	[éldərli] エるダリ	年配の			
1201	senior	発 [síːnjər] スィーニャ	年上の			
1202	junior	[dʒúːnjər] ヂューニャ	年下の			
1203	past	[pǽst] パぁスト	過去の			
1204	modern	[máːdərn] マダン	現代の			
1205	latest	ア [léɪtɪst] れイティスト	最新の			

能力・よい概念を表す語

1206	ability	[əbílɪti] アビ리ティ	能力			
1207	capacity	ア [kəpǽsɪti] カパぁスィティ	収容力			
1208	quality	[kwáːlɪti] クウァリティ	質			
1209	technique	発 ア [tekníːk] テクニーク	(専門の)技術			
1210	craft	[krǽft] クラぁふト	手芸			
1211	charm	[tʃáːrm] チャーム	魅力			
1212	confidence	ア [káːnfədəns] カンふィデンス	信頼			

Answers

1185 pleasant	1186 delightful	1187 comfortable	1188 smart	1189 polite	1190 excellent	1191 ideal
1192 fit	1193 proper	1194 helpful	1195 worth	1196 stared	1197 pronounce	1198 screamed	1199 elder
1200 elderly	1201 senior	1202 junior	1203 past	1204 modern	1205 latest	1206 ability	1207 capacity
1208 quality	1209 technique	1210 crafts	1211 charm	1212 confidence			

なんて**楽しい**驚きだ。	What a ⎯⎯⎯⎯⎯⎯ surprise!
彼女は**ゆかいな人**だ。	She's a ⎯⎯⎯⎯⎯⎯ person.
そのベッドはとても**快適**だった。	The bed was very ⎯⎯⎯⎯⎯⎯.
彼は**頭のよい**やつだ。	He's a ⎯⎯⎯⎯⎯⎯ guy.
彼女は私に対してあまり**礼儀正しく**なかった。	She wasn't very ⎯⎯⎯⎯⎯⎯ to me.
書物は**優れた**状態にある。	The books are in ⎯⎯⎯⎯⎯⎯ condition.
ここは**理想的な**場所だ。	This is an ⎯⎯⎯⎯⎯⎯ place.
彼はこの仕事に**適している**。	He is ⎯⎯⎯⎯⎯⎯ for this job.
適切な方法を教えてください。	Please tell me the ⎯⎯⎯⎯⎯⎯ way.
あなたのアドバイスはとても**役に立っ**た。	Your advice was very ⎯⎯⎯⎯⎯⎯.
その番組は見る**価値があり**ますか。	Is the program ⎯⎯⎯⎯⎯⎯ watching?

彼女は私のジャケットを**じっと見つめ**た。	She ⎯⎯⎯⎯⎯⎯ at my jacket.
どのように彼の名前**を発音する**のですか。	How do you ⎯⎯⎯⎯⎯⎯ his name?
人々は**悲鳴をあげて**逃げた。	People ⎯⎯⎯⎯⎯⎯ and ran away.

私には**兄**がひとりいます。	I have an ⎯⎯⎯⎯⎯⎯ brother.
私たちの町には**年配の**人が多い。	Our town has many ⎯⎯⎯⎯⎯⎯ people.
ボブは私より**年上**だ。	Bob is ⎯⎯⎯⎯⎯⎯ to me.
私は彼より３歳**年下**だ。	I'm his ⎯⎯⎯⎯⎯⎯ by three years.
我々は**過去の**経験から学ばなければならない。	We must learn from ⎯⎯⎯⎯⎯⎯ experience.
現代美術はわかりません。	I don't understand ⎯⎯⎯⎯⎯⎯ art.
この車はわが社の**最新**モデルだ。	This car is our ⎯⎯⎯⎯⎯⎯ model.

彼女は文章**力**がある。	She has good writing ⎯⎯⎯⎯⎯⎯.
その劇場は**収容力**が大きい。	The theater has a large ⎯⎯⎯⎯⎯⎯.
我々は**質**を保たなければならない。	We have to keep the ⎯⎯⎯⎯⎯⎯.
彼のピアノ演奏**技術**はすばらしい。	His piano playing ⎯⎯⎯⎯⎯⎯ is amazing.
私の母は**手芸**をするのを楽しんでいる。	My mother enjoys doing ⎯⎯⎯⎯⎯⎯.
彼女は**魅力**にあふれている。	She is full of ⎯⎯⎯⎯⎯⎯.
彼は医師たちを**信頼**している。	He has ⎯⎯⎯⎯⎯⎯ in the doctors.

DATE ・ ・

力／エネルギーに関する語

			意 味	1回目	2回目	3回目
1213	heat	[híːt] ヒート	熱			
1214	fire	[fáɪər] ふァイア	火(事)			
1215	power	発 [páuər] パウア	(権)力			
1216	solar	[sóulər] ソウら	太陽の			

状態・性質を表す語

			意 味	1回目	2回目	3回目
1217	used	発 [júːzd] ユーズド	中古の			
1218	patient	発 [péɪʃənt] ペイシェント	がまん強い			
1219	shy	[ʃáɪ] シャイ	恥ずかしがりの			
1220	blind	[bláɪnd] ブらインド	目の見えない			
1221	funny	[fʌ́ni] ふァニ	おかしい			
1222	serious	発 [síəriəs] スィアリアス	重大な			

語根 tend（のばす）で覚える語

			意 味	1回目	2回目	3回目
1223	attend	ア [əténd] アテンド	に出席する			
1224	extend	[ɪksténd] イクステンド	伸びる			
1225	intend	[ɪnténd] インテンド	《intend to do で》…するつもりである			
1226	pretend	[prɪténd] プリテンド	…するふりをする			

活動する・作業する

			意 味	1回目	2回目	3回目
1227	motivate	[móutəvèɪt] モウティヴェィト	に動機を与える			
1228	organize	ア [ɔ́ːrgənàɪz] オーガナイズ	を組織する			
1229	establish	[ɪstǽblɪʃ] イスタぁブリッシュ	を設立する			
1230	operate	ア [ɑ́ːpərèɪt] アペレイト	を操作する			
1231	master	[mǽstər] マぁスタ	を習得する			
1232	serve	[sɔ́ːrv] サ〜ヴ	(食事など)(を)出す			
1233	aim	[éɪm] エイム	目的			
1234	capture	[kǽptʃər] キぁプチャ	を捕まえる			
1235	recall	[rɪkɔ́ːl] リコーる	を思い出す			
1236	reflect	ア [rɪflékt] リふれクト	(を)反射する			
1237	count	発 [káunt] カウント	(を)数える			
1238	mend	[ménd] メンド	を修繕する			
1239	repair	[rɪpéər] リペア	を修理する			
1240	handle	[hǽndəl] ハぁンドる	を処理する			

Answers

1213 heat　1214 fire　1215 power　1216 solar　1217 used　1218 patient　1219 shy　1220 blind
1221 funny　1222 serious　1223 attended　1224 extends　1225 intend　1226 pretended　1227 motivated　1228 organize

116

私たちに**熱**と光を与えてくれるのは何ですか。	What gives us ＿＿＿＿＿ and light?
その家が**火事**だ。	The house is on ＿＿＿＿＿.
自然の**力**を尊重しなさい。	Respect the ＿＿＿＿＿ of nature.
私たちはどのように**太陽**エネルギーを使えるだろうか。	How can we use ＿＿＿＿＿ energy?

私は**中古**車を買うつもりだ。	I will buy a ＿＿＿＿＿ car.
先生は彼に対して**がまん強**かった。	The teacher was ＿＿＿＿＿ with him.
彼は静かで**恥ずかしがり**の少年だった。	He was a quiet, ＿＿＿＿＿ boy.
彼女は**目の見えない**ネコを飼っている。	She has a ＿＿＿＿＿ cat.
その帽子をかぶると**おかしく**見えるよ。	You look ＿＿＿＿＿ in that hat.
我々は**重大な**問題を抱えている。	We have a ＿＿＿＿＿ problem.

60人がその講義**に出席した**。	Sixty people ＿＿＿＿＿ the lecture.
その壁は川まで**伸びている**。	The wall ＿＿＿＿＿ to the river.
私は留学**するつもりだ**。	I ＿＿＿＿＿ to study abroad.
彼は眠った**ふりをした**。	He ＿＿＿＿＿ to be asleep.

生徒たちは彼に**動機づけ**られた。	The students were ＿＿＿＿＿ by him.
彼らは新しい組合**を組織する**だろう。	They will ＿＿＿＿＿ a new union.
その会社は1896年に**設立**された。	The company was ＿＿＿＿＿ in 1896.
作業員が機械**を操作した**。	The workers ＿＿＿＿＿ the machines.
日本語は**習得する**のが難しい。	Japanese is difficult to ＿＿＿＿＿.
このレストランはすばらしいメキシコ料理**を出す**。	This restaurant ＿＿＿＿＿ great Mexican food.
我々の**目的**は勝つことだ。	Our ＿＿＿＿＿ is to win.
彼らはどのようにしてその動物**を捕まえた**のか。	How did they ＿＿＿＿＿ the animal?
私は彼の名前**を思い出す**ことができなかった。	I couldn't ＿＿＿＿＿ his name.
水が日光**を反射している**。	The water is ＿＿＿＿＿ the sunlight.
その男の子は20まで**数える**ことができた。	The boy could ＿＿＿＿＿ to twenty.
彼女は私たちの靴**を修繕した**。	She ＿＿＿＿＿ our shoes.
私は腕時計**を修理してもらった**。	I had my watch ＿＿＿＿＿.
彼はとてもうまくその状況**を処理した**。	He ＿＿＿＿＿ the situation very well.

1229 established　1230 operated　1231 master　1232 serves　1233 aim　1234 capture　1235 recall
1236 reflecting　1237 count　1238 mended　1239 repaired　1240 handled

DATE　　　・　　・

身につけておきたい熟語⑦ 基本動詞句

		意　味	1回目	2回目
1241	turn (～) around	(の)向きを変える		
1242	turn on ～	(電気・テレビなど)をつける		
1243	turn off ～	(電気・テレビなど)を消す		
1244	turn down ～	(ガス・ボリュームなど)を下げる		
1245	turn out	…であるとわかる		
1246	turn into ...	…に変わる		
1247	talk to oneself	ひとり言を言う		
1248	say to oneself	と心の中で思う		
1249	say hello to ...	…によろしくと言う		
1250	hear from ...	…から便り(連絡)をもらう		
1251	hear of ...	…のことを耳にする		
1252	belong to ...	…に所属している		
1253	change into[to] ...	…に変わる		
1254	change one's mind	考えを変える		

身につけておきたい熟語⑧ 助動詞的な働きをする熟語

1255	be going to do	…するつもりである		
1256	have to do	…しなければならない		
1257	had better do	…したほうがよい		
1258	ought to do	…すべきである		
1259	be supposed to do	…することになっている		
1260	used to do	(以前は)よく…したものだ		
1261	be used to (-ing)	(…すること)に慣れている		
1262	be likely to do	…しそうである		
1263	be willing to do	快く…する		
1264	be ready to do	…する用意ができている		

基本動詞句

1265	call up ～	(に)電話をかける		
1266	call at ...	…に立ち寄る		
1267	call on[upon] ...	(人)を訪問する		
1268	call for ...	…を大声を出して求める		

Answers

1241 Turn / around　1242 turn on　1243 Turn off　1244 turn down
1245 turned out　1246 turned into　1247 talks to herself　1248 said to myself
1249 say hello to　1250 heard from　1251 heard of　1252 belong to

車の**向きを変えて**。	_____ the car _____.
ヒーター**をつけて**いただけませんか。	Could you _____ _____ the heater?
電気**を消し**なさい。	_____ _____ the light.
ラジオの音量**を下げて**くれませんか。	Will you _____ _____ the radio?
彼の話は真実**であるとわかった**。	His story _____ to be true.
雨が雪**に変わった**。	The rain _____ snow.
私の母はよく**ひとり言を言う**。	My mom often _____ _____.
「すごい！」と私は**心の中で思った**。	I _____ _____, "Great!"
ご両親**によろしくと言って**ください。	Please _____ _____ your parents.
ジム**から便りをもらって**いない。	We haven't _____ _____ Jim.
その歌手**のことを耳にした**ことがない。	I've never _____ _____ that singer.
私はテニス部**に所属している**。	I _____ _____ the tennis club.
魔女は王子**をカエルに変えた**。	The witch _____ the prince _____ a frog.
彼の考えを変えるのは難しい。	It's hard to _____ _____ _____.
私はこの自転車を買う**つもりだ**。	I'm _____ _____ buy this bike.
私はこの報告書を仕上げ**なければならない**。	I _____ _____ finish this report.
君は寝た**ほうがいい**。	You _____ _____ go to bed.
君はその映画を見る**べきだ**。	You _____ _____ see the movie.
私はあとで彼と会う**ことになっている**。	I'm _____ _____ meet him later.
彼女は以前は**よくバイオリンを弾いたものだ**。	She _____ _____ play the violin.
スティーブは運転**に慣れている**。	Steve _____ _____ _____ driving.
あとで雨が降り**そうだ**。	It _____ _____ _____ rain later.
私は**快く**ボランティアとして働き**ます**。	I _____ _____ _____ work as a volunteer.
私は今，行く**用意ができている**。	I _____ _____ _____ go now.
私は中国の友人**に電話をかけた**。	I _____ _____ my friend in China.
その船はいくつかの港**に立ち寄った**。	The ship _____ _____ several ports.
私たちはロンドンにいるおば**を訪問した**。	We _____ _____ my aunt in London.
彼らは**大声を出して助けを求めて**いた。	They were _____ _____ help.

1253 changed / into[to] 　1254 change his mind 　1255 going to 　1256 have to
1257 had better 　1258 ought to 　1259 supposed to 　1260 used to
1261 is used to 　1262 is likely to 　1263 am willing to 　1264 am ready to
1265 called up 　1266 called at 　1267 called on[upon] 　1268 calling for

身につけておきたい熟語⑨ 基本動詞句

		意　味	1回目	2回目
1269	hurry up (〜)	急ぐ		
1270	fail to do	…しそこなう		
1271	watch out (for ...)	(…に)注意する		
1272	stand for ...	…を表す		
1273	throw away 〜	を捨てる		
1274	hold on	電話を切らないで待つ		
1275	hang up	電話を切る		
1276	call back	あとで電話をかけなおす		
1277	try on 〜	を試着する		
1278	pass by (〜)	(の)そばを通り過ぎる		
1279	fill in 〜	(住所・氏名など)を書き込む		
1280	shake hands with ...	…と握手をする		
1281	leave ... alone	…をそのままにしておく		
1282	tend to do	…する傾向がある		

身につけておきたい熟語⑩ 時・頻度・条件を表す熟語

		意　味	1回目	2回目
1283	all of a sudden	突然		
1284	at present	現在は		
1285	once upon a time	昔々		
1286	in the future	将来に		
1287	from time to time	ときどき		
1288	one after another	次々と		
1289	little by little	少しずつ		
1290	as a result	その結果		
1291	as for ...	…について言えば		

限定・論理展開などを表す熟語

		意　味	1回目	2回目
1292	of course	もちろん		
1293	by the way	ところで		
1294	in fact	実際は		
1295	for example	たとえば		
1296	and so on[forth]	…など		

Answers

1269 Hurry up	1270 failed to	1271 Watch out for	1272 stand for
1273 throw away	1274 Hold on	1275 hung up	1276 call / back
1277 try on	1278 passed by	1279 fill in	1280 shook hands with

急ぎなさい, そうしないと遅れるよ。	...., or you'll be late.
彼は夢を実現しそこなった。	He .... make his dream come true.
割れたガラスに注意しなさい。	.... the broken glass.
U.K. とは何を表していますか。	What does "U.K." ....?
ジェニー, そのごみを捨てなさい。	Jenny, ... the trash!
数分間お待ちください。	.... for a few minutes.
ロイは「さようなら」と言って電話を切った。	Roy said "goodbye" and ....
あとで電話をかけなおさせてください。	Let me .... you ....
このスカートを試着したいです。	I'd like to .... this skirt.
私は郵便局のそばを通り過ぎた。	I .... the post office.
ここにあなたの名前を書き込んでください。	Please .... your name here.
私はあの音楽家と握手をした。	I .... that musician.
私たちは彼女をそっとしておいた。	We .... her ....
日本人は集団で行動する傾向がある。	Japanese people .... act in groups.

突然, 彼は姿を消した。	...., he disappeared.
現在, 私たちには３つ選択肢がある。	.... we have three choices.
昔々, あるところにお姫様がいました。	.... there was a princess.
将来, 地球に何が起こるだろうか。	What will happen to the earth ....?
私はときどき料理をします。	.... I cook.
客たちが次々と到着した。	The guests arrived ....
少しずつ私は中国語を理解し始めた。	.... I began to understand Chinese.
その結果, 我々のチームは勝利した。	Our team won ....
私について言えば, 満足しています。	.... me, I'm happy with it.

手伝うよ, もちろん。	I'll help you, ...
ところで, あなたはひまですか。	...., are you free?
実際は, その数は少ない。	...., the number is small.
たとえば, アメリカを例にとってみましょう。	Take America, ...
リンゴやオレンジなどを食べなさい。	Eat apples, oranges, ...

1281 left / alone　1282 tend to　1283 All of a sudden　1284 At present
1285 Once upon a time　1286 in the future　1287 From time to time　1288 one after another
1289 Little by little　1290 as a result　1291 As for　1292 of course
1293 By the way　1294 In fact　1295 for example　1296 and so on[forth]

121

英検模擬テスト

次の (1)から (20)までの (　) に入れるのにもっとも適切なものをそれぞれ ① ～ ④ から一つずつ選んで番号に丸をつけましょう。

(1) There were only a few (　) on the train this morning.
① customers　② leaders　③ passengers　④ guests

(2) I (　) to go out when it's raining because I get wet.
① hate　② like　③ need　④ happen

(3) A: Do you (　) to any club?
B: Yes. I'm on the school basketball team.
① belong　② walk　③ join　④ take

(4) There were many people in the (　) for her concert.
① number　② audience　③ music　④ population

(5) He has lost a lot of (　) recently because of illness.
① height　② depth　③ width　④ weight

(6) John and Mary are (　) to each other in their taste of music.
① ready　② similar　③ like　④ same

(7) The (　) of the two nations could not reach an agreement.
① cities　② generations　③ policies　④ governments

(8) Fred was very happy to (　) an invitation to the party.
① receive　② lose　③ catch　④ answer

(9) Food shortage is a very (　) problem in some countries. We have to do something about it.
① easy　② serious　③ interesting　④ funny

(10) It's (　) six o'clock. You'd better go home for dinner.
① away　② yet　③ often　④ nearly

(11) His father is the president of the (   ).

① company   ② station   ③ library   ④ city

(12) I hope you'll think of me (   ) you are in the world.

① somewhere   ② however   ③ wherever   ④ whenever

(13) It's a difficult plan, but we have to (   ) it out.

① bring   ② carry   ③ look   ④ take

(14) He (   ) the glass with a lot of water.

① put   ② covered   ③ filled   ④ cut

(15) This song is very (   ) to us. Everyone knows it.

① strange   ② interested ③ familiar   ④ ordinary

(16) He had trouble (   ) this new machine.

① operating   ② to operate ③ operated   ④ of operating

(17) I'm sure everyone can solve the math problem easily. It's the (   ) difficult one on this exam.

① less   ② least   ③ more   ④ most

(18) If it were not for water, we (   ).

① can't survive   ② won't survive   ③ would survive   ④ couldn't survive

(19) I bought a computer last month. It (   ) me ¥200,000.

① cost   ② costs   ③ to cost   ④ costing

(20) I saw my sister (   ) her room this morning.

① decorates   ② to decorate ③ decorating ④ decorated

答えは次のページ ▶▶

英検模擬テスト[解答]

(1) ③ passengers

(2) ① hate

(3) ① belong

(4) ② audience

(5) ④ weight

(6) ② similar

(7) ④ governments

(8) ① receive

(9) ② serious

(10) ④ nearly

(11) ① company

(12) ③ wherever

(13) ② carry

(14) ③ filled

(15) ③ familiar

(16) ① operating

(17) ② least

(18) ④ couldn't survive

(19) ① cost

(20) ③ decorating

5

入試での頻出単語Ⅰ

（336語）

これまで身につけてきた基本的な単語に加えて，共通テストなどで頻出の単語がまとめてあります。
熟語も使用頻度が高いものばかりなので，使い方を意識して覚えるようにしましょう。

**ここで学ぶ
単語の種類**

- 大小・状態を表す語
- 手を使う動作
- 数量に関する語
- 趣味に関する語
- 物質
- 形態・状態・性質を表す語
- 農業に関する語
- 機会・事情などを表す語
- 表す・示す
- 時に関する語
- 否定する
- 立場を表す語
- 接続詞／前置詞
- 産業・経済に関する語
- 進展・行動に関する語
- 料理・食事に関する語／禁止する
- 道具・機械に関する語
- 人に働きかける
- 戦争・戦いに関する語
- 形状に関する語
- 液体に関する動詞
- 感情を含む動詞
- 拒絶する／語根 part（分ける・部分）で覚える語

- 構成する・結合する
- 政治・社会に関する語
- 調査・分析に関する語
- 学問に関する語
- 程度・確実度を表す語
- 判断基準
- 人に関する語
- 厳しい・残酷な
- 場所・部分を表す語
- 命じる／従う
- 事故・事件などに関する語
- 交通に関する語
- 意見などを述べる
- 集団・社会に関する語
- 身につけておきたい熟語⑪ 時を表す熟語
- 頻度を表す熟語
- 身につけておきたい熟語⑫ 基本動詞句
- 場所などを表す群前置詞
- 身につけておきたい熟語⑬ as を含む熟語
- 不定詞を含む熟語
- 基本動詞句
- 身につけておきたい熟語⑭ 否定の熟語
- 基本動詞句

DATE   　・　　・

チェックボックスの左側は音声チェック欄，
右側は音読チェック欄として使おう

大小・状態を表す語

			意　味	1回目	2回目	3回目
1297	huge	発 [hjúːdʒ] ヒューヂ	巨大な			
1298	tiny	[táini] タイニ	ごく小さな			
1299	major	[méidʒər] メイヂャ	(程度が)大きな			
1300	minor	[máinər] マイナ	(程度が)小さな			
1301	dry	[drái] ドライ	乾いた			
1302	dirty	[dэ́ːrti] ダ〜ティ	汚い			
1303	loud	発 [láud] らウド	(声・音が)大きい			
1304	tough	発 [tʌ́f] タふ	困難な			

手を使う動作

1305	knock	[náːk] ナック	ノックする			
1306	shut	[ʃʌ́t] シャット	を閉める			
1307	lift	[líft] りふト	を持ち上げる			
1308	press	[prés] プレス	(を)押す			
1309	fold	[fóuld] ふォウるド	を折りたたむ			
1310	stretch	[strétʃ] ストレッチ	を伸ばす			

数量に関する語

1311	total	[tóutəl] トウタる	全体の			
1312	amount	発 [əmáunt] アマウント	《the 〜で》総計			
1313	quantity	[kwάːntɪti] クワンティティ	量			
1314	mass	発 [mǽs] マぁス	大きなかたまり			
1315	pile	[páil] パイる	を積み重ねる			
1316	lack	[lǽk] らぁク	不足			
1317	per	[pэ́ːr] パ〜	〜につき			

趣味に関する語

1318	leisure	発 [líːʒər] リーヂャ	余暇			
1319	fashion	[fǽʃən] ふぁション	流行			
1320	photo	発 [fóutou] ふォウトウ	写真			

物質

1321	smoke	[smóuk] スモウク	煙			
1322	gas	[gǽs] ギぁス	気体			
1323	ash	[ǽʃ] あシュ	灰			
1324	dust	[dʌ́st] ダスト	ほこり			

nswers

1297 huge　1298 tiny　1299 major　1300 minor　1301 dry　1302 dirty　1303 loud　1304 tough
1305 knocked　1306 shut　1307 lift　1308 Press　1309 Fold　1310 stretched　1311 total　1312 amount
1313 quantity　1314 mass　1315 pile　1316 lack　1317 per　1318 leisure　1319 fashion　1320 photos
1321 smoke　1322 gases　1323 ashes　1324 dust

巨大な木が切り倒された。	A _____ tree was cut down.
赤ちゃんはとても小さな目を開けた。	The baby opened her _____ eyes.
大きな地震があった。	It was a _____ earthquake.
彼は小さな間違いにくよくよした。	He worried about a _____ mistake.
まだペンキが乾いていない。	The paint is not _____ yet.
私の自転車はとても汚い。	My bicycle is very _____ .
音楽(の音量)が大きすぎる。	The music is too _____ .
私たちは困難な状況に直面している。	We are facing a _____ situation.

だれかがドアをノックした。	Someone _____ on the door.
ドアを閉めてもらえないかな。	Can you _____ the door?
これは重すぎて持ち上げることができない。	This is too heavy to _____ .
このボタンを1回押して。	_____ this button once.
線に沿って紙を折りなさい。	_____ the paper along the line.
彼らは脚を伸ばした。	They _____ their legs.

全体の費用は54,000ドルだった。	The _____ cost was 54,000 dollars.
私が持っていた総額では足りなかった。	The _____ I had wasn't enough.
量より質が大切だ。	Quality matters more than _____ .
ごみのかたまりがあった。	There was a _____ of garbage.
床に書類を積み重ねないで。	Don't _____ papers on the floor!
コミュニケーション不足だった。	There was a _____ of communication.
彼は1日につき8時間働く。	He works 8 hours _____ day.

私は余暇がほしい。	I want some _____ time.
それらの服は流行していない。	Those clothes are not in _____ .
あなたは自然の写真を撮るのが上手だ。	You take good nature _____ .

そこから煙が上がっているのが見えた。	I saw _____ coming from there.
空気は気体からできあがっている。	Air is made up of _____ .
タバコの灰を落とさないで。	Don't drop cigarette _____ .
家具はほこりでおおわれていた。	The furniture was covered with _____ .

形態・状態・性質を表す語

			意　味	1回目	2回目	3回目
1325	sharp	[ʃáːrp] シャープ	鋭い			
1326	tight	発 [táɪt] タイト	(服などが)きつい			
1327	obvious	ア [áːbviəs] アブヴィアス	(間違える余地のないほど)明らかな			
1328	plain	[pléɪn] プれイン	明らかな			
1329	brief	[bríːf] ブリーふ	短時間の			
1330	dull	発 [dʌ́l] ダる	にぶい			
1331	lazy	[léɪzi] れイズィ	なまけ者の			
1332	silly	[síli] シリィ	愚かな			
1333	foolish	[fúːlɪʃ] ふーリッシュ	愚かな			
1334	rude	発 [rúːd] ルード	失礼な			
1335	ugly	発 [ʌ́gli] アグり	みにくい			
1336	pale	[péɪl] ペイる	(顔などが)青白い			
1337	horrible	ア [hɔ́ːrəbəl] ホーラブる	恐ろしい			
1338	awful	発 [ɔ́ːfəl] オーふる	ひどい			

農業に関する語

1339	agriculture	ア [ǽgrɪkʌ̀ltʃər] あグリカるチャ	農業			
1340	soil	[sɔ́ɪl] ソイる	土			
1341	crop	[kráːp] クラップ	農作物			
1342	grain	[gréɪn] グレイン	穀物			
1343	greenhouse	[gríːnhàʊs] グリーンハウス	温室			

機会・事情などを表す語

1344	occasion	ア [əkéɪʒən] オケイジョン	(特定の)時			
1345	opportunity	ア [àːpərt(j)úːnɪti] アパテュ[トゥ]ーニティ	機会			
1346	circumstance	ア [sɔ́ːrkəmstæns] サ〜カムスタぁンス	《通常(複)で》(周囲の)状況			
1347	situation	ア [sìtʃuéɪʃən] スィチュエイション	状況			

表す・示す

1348	represent	ア [rèprɪzént] レプリゼント	を表す			
1349	display	ア [dɪspléɪ] ディスプれイ	を示す			
1350	indicate	[índəkèɪt] インディケイト	を(指し)示す			
1351	prove	発 [prúːv] プルーヴ	を証明する			
1352	reveal	ア [rɪvíːl] リヴィーる	を明らかにする			

Answers

1325 sharp　　1326 tight　　1327 obvious　　1328 plain　　1329 brief　　1330 dull　　1331 lazy　　1332 silly

私は**鋭い**痛みを感じた。	I felt a _____ pain.
このジーンズは少し**きつい**。	These jeans are a little _____.
それは**明らかな**スペルミスだ。	That's an _____ spelling mistake.
彼の説明はかなり**明確**だった。	His explanation was quite _____.
その式典は**短かった**。	The ceremony was _____.
このナイフは**切れ味がにぶい**。	This knife is _____.
彼は**なまけ者**である。	He is _____.
それをなくすとは私は**愚か**だった。	I was _____ to lose it.
そんな**愚かな**質問はするな。	Don't ask such a _____ question.
彼の**失礼な**行動に我慢できない。	I can't stand his _____ behavior.
その**みにくい**帽子をかぶらないで。	Don't wear that _____ hat.
彼女はその知らせに**真っ青**になった。	She turned _____ at the news.
それは**恐ろしい**犯罪だった。	It was a _____ crime.
天候は**ひどかった**。	The weather was _____.

その土地は**農業**用に使われている。	The land is used for _____.
植物はこの**土**でよく育つ。	Plants grow well in this _____.
この土地はよい**農作物**を生む。	This land produces good _____.
ニワトリがこの**穀物**を食べる。	The chickens eat this _____.
何が**温室**効果を引き起こすのか。	What causes the _____ effect?

特別な**時**のためにそれは取っておいて。	Keep it for a special _____.
君はこの**機会**を逃すべきでない。	You shouldn't miss this _____.
あなたはこの**状況**を乗り越えられます。	You'll get over these _____.
彼の言葉は**状況**を悪化させた。	His words made the _____ worse.

このマークは何**を表しています**か。	What does this mark _____?
彼はインフルエンザの兆候**を示している**。	He _____ signs of the flu.
ランプは「オン」**を示している**。	The light _____ "on".
それが本当だと**証明する**ことができますか。	Can you _____ that it's true?
映画の結末**を明らかにしない**でください。	Please don't _____ the film's ending.

1333 foolish　1334 rude　1335 ugly　1336 pale　1337 horrible　1338 awful　1339 agriculture
1340 soil　1341 crops　1342 grain　1343 greenhouse　1344 occasion　1345 opportunity
1346 circumstances　1347 situation　1348 represent　1349 displays　1350 indicates　1351 prove　1352 reveal

時に関する語

			意　味	1回目	2回目	3回目
1353	instant	[ínstənt] **イ**ンスタント	即座の			
1354	primitive	[prímətɪv] **プ**リミティヴ	原始(時代)の			
1355	ancient	発 [éɪnʃənt] **エ**インシェント	古代の			
1356	final	[fáɪnəl] **ふァ**イヌる	最終の			
1357	annual	[ǽnjuəl] **あ**ニュアる	毎年の			
1358	lately	[léɪtli] **れ**イトリ	近ごろ			
1359	recently	ア [ríːsntli] **リ**ースントリ	最近			
1360	immediately	発 ア [ɪmíːdiətli] イ**ミ**ーディエトリ	ただちに			
1361	permanently	[pə́ːrmənəntli] **パ**〜マネントリ	永久に			
1362	afterward(s)	ア [ǽftərwərd(z)] **あ**ふタワド(ズ)	あとで			

否定する

			意味			
1363	scold	[skóʊld] ス**コ**ウるド	(を)しかる			
1364	punish	発 ア [pʌ́nɪʃ] **パ**ニッシュ	を罰する			
1365	criticize	ア [krítəsàɪz] **ク**リティサイズ	を批判する			
1366	complain	ア [kəmpléɪn] コンプ**れ**イン	不平・不満を言う			

立場を表す語

1367	general	[dʒénərəl] **ヂェ**ネラる	全体的な			
1368	normal	[nɔ́ːrml] **ノ**ーマる	標準の			
1369	regular	[régjələr] **レ**ギュら	規則的な			
1370	rare	[réər] **レ**ア	まれな			
1371	local	[lóʊkəl] **ろ**ウカる	地元の			
1372	global	[glóʊbəl] グ**ろ**ウブる	(全)世界的な			

接続詞／前置詞

1373	whether	[wéðər] **ウェ**ざ	～かどうか			
1374	unless	ア [ənlés] アン**れ**ス	…でない限り			
1375	except	ア [ɪksépt] イク**セ**プト	…を除いて			
1376	besides	[bɪsáɪdz] ビ**サ**イズ	…のほかに			
1377	beyond	[biáːnd] ビ**ヤ**ンド	…の向こうに			
1378	within	ア [wɪðín] ウィ**ず**ィン	…以内に			
1379	throughout	発 [θruáʊt] スル**ア**ウト	…のあいだずっと			
1380	despite	ア [dɪspáɪt] ディス**パ**イト	…にもかかわらず			

nswers

即座に成功することなど期待するな。	Don't expect to have _____ success.
それは漢字の**原型**だ。	It's a _____ form of kanji.
私は**古代**史に興味がある。	I'm interested in _____ history.
昨日**最終**回が放映された。	The _____ episode was shown yesterday.
私たちは**毎年（恒例）**のイベントに行った。	We went to the _____ event.
近ごろ，私はとても忙しい。	I've been very busy _____.
彼は**最近**，日本から帰国した。	He returned from Japan _____.
彼女は**ただちに**電話に出た。	She answered the phone _____.
その夫妻はボストンに**永住**した。	The couple lived in Boston _____.
あとで，私は彼女の言葉を思い出すことができなかった。	_____, I couldn't remember her words.

彼女は父親に**しかられた**。	She was _____ by her father.
彼は**罰せられる**のがわかっていた。	He knew he would be _____.
彼らは彼女が仕事が遅いと**批判する**。	They _____ her for working slowly.
何について**不平を言っている**のですか。	What are you _____ about?

最初の**全体**会議が開催された。	The first _____ meeting was held.
標準労働時間内にお電話ください。	Please call during _____ working hours.
彼の呼吸はゆっくりで**規則的**だった。	His breathing was slow and _____.
この地域では雪は**まれ**だ。	Snow is _____ in this area.
私は**地元の**新聞に投稿している。	I write for the _____ newspaper.
彼女は**世界的な**企業に勤めている。	She works for a _____ company.

彼女が来る**かどうか**はわからない。	I don't know _____ she'll come.
雨が降ら**ない限り**，出かけるつもりだ。	I'll go out _____ it rains.
月曜日を**除き**毎日営業しています。	We're open every day _____ Monday.
彼にはビル**のほかに**ほとんど友達がいない。	He has few friends _____ Bill.
私の家はその森**の向こう**にある。	My house is _____ the woods.
私は 1 週間**以内**に戻るでしょう。	I'll be back _____ a week.
彼女は一生**のあいだずっと**独身だった。	She remained single _____ her life.
我々の努力**にもかかわらず**，プロジェクトは失敗に終わった。	_____ our efforts, the project failed.

1365 criticize　　1366 complaining　　1367 general　　1368 normal　　1369 regular　　1370 rare　　1371 local
1372 global　　1373 whether　　1374 unless　　1375 except　　1376 besides　　1377 beyond　　1378 within
1379 throughout　　1380 Despite

DATE　　　・　　　・

産業・経済に関する語

		意味	1回目	2回目	3回目
1381 industry	[ア] [índəstri] インダストリ	産業			
1382 market	[máːrkət] マーキット	市場(いちば)			
1383 goods	[gúdz] グッズ	《つねに(複)で》商品			
1384 service	[sə́ːrvəs] サ～ヴィス	奉仕			
1385 cooperation	[kouɑ̀ːpəréɪʃən] コウアーポレイション	協力			
1386 project	[ア] [名] [práːdʒekt] プラヂェクト [動] [prəːdʒékt] プロヂェクト	計画			
1387 benefit	[ア] [bénəfɪt] ベネふィット	利益			
1388 loss	[lɔ́(ː)s] ろ(ー)ス	損失			
1389 earn	[発] [ə́ːrn] ア～ン	をかせぐ			
1390 rent	[rént] レント	を賃借りする			
1391 economic	[ア] [èkənáːmɪk] エコナミク	経済の			
1392 clone	[klóun] クろウン	クローン			
1393 entertainment	[ア] [èntərtéɪnmənt] エンタテインメント	娯楽			
1394 slave	[sléɪv] スれイヴ	奴隷			

進展・行動に関する語

		意味	1回目	2回目	3回目
1395 advance	[ア] [ədvǽns] アドヴぁンス	進む			
1396 progress	[ア] [動] [prəgrés] プログレス	前進する			
1397 approach	[発] [ア] [əpróutʃ] アプロウチ	に近づく			
1398 behave	[ア] [bɪhéɪv] ビヘイヴ	ふるまう			
1399 chase	[tʃéɪs] チェイス	(を)追いかける			
1400 overcome	[ア] [òuvərkʌ́m] オウヴァカム	に打ち勝つ			

料理・食事に関する語／禁止する

		意味	1回目	2回目	3回目
1401 bake	[béɪk] ベイク	(パンなど)を焼く			
1402 boil	[bɔ́ɪl] ボイる	をわかす			
1403 melt	[mélt] メるト	を溶かす			
1404 feed	[fíːd] ふィード	に食物・えさを与える			
1405 flavor	[fléɪvər] ふれイヴァ	風味			
1406 forbid	[fərbíd] ふァビッド	を禁止する			
1407 prohibit	[ア] [prouhíbət] プロウヒビット	を禁止する			
1408 ban	[bǽn] バぁン	を禁止する			

Answers

1381 industry　1382 market　1383 goods　1384 service　1385 cooperation　1386 project　1387 benefits
1388 loss　1389 earn　1390 rent　1391 economic　1392 clone　1393 entertainment　1394 slave

私は観光産業に興味がある。	I'm interested in the tourist ＿＿＿＿＿.
私は市場で花を買った。	I bought flowers at the ＿＿＿＿＿.
ここにある商品すべてがセール中だ。	All ＿＿＿＿＿ here are on sale.
このプログラムには社会奉仕活動も含まれる。	This program includes social ＿＿＿＿＿ activities.
ご協力ありがとうございます。	Thank you for your ＿＿＿＿＿.
その計画をいつ始めるのですか。	When will we start the ＿＿＿＿＿?
コストと利益を考えなさい。	Consider the costs and ＿＿＿＿＿.
損失は6万ドルを超えた。	The ＿＿＿＿＿ was over 60,000 dollars.
私はもっとお金をかせぐ必要がある。	I need to ＿＿＿＿＿ more money.
彼はアパートを借りることに決めた。	He decided to ＿＿＿＿＿ an apartment.
政府の経済計画は失敗した。	The government's ＿＿＿＿＿ plan failed.
ドリーは初のヒツジのクローンだ。	Dolly was the first sheep ＿＿＿＿＿.
彼女は娯楽として映画を見る。	She watches movies for ＿＿＿＿＿.
彼らは彼を奴隷のように扱った。	They treated him like a ＿＿＿＿＿.
男たちは進み続けた。	The men continued to ＿＿＿＿＿.
それ以上議論が前進しましたか。	Have the discussions ＿＿＿＿＿ any further?
ネコがわが家に近づいてきた。	A cat ＿＿＿＿＿ our house.
彼は日本人のようにふるまった。	He ＿＿＿＿＿ like a Japanese.
それからイヌが私を追いかけ始めた。	Then a dog started ＿＿＿＿＿ me.
私の祖母は多くの困難に打ち勝ってきた。	My grandmother has ＿＿＿＿＿ many difficulties.
ケーキを焼こう。	Let's ＿＿＿＿＿ a cake.
私はお湯(水)をわかしてお茶を入れた。	I ＿＿＿＿＿ water and made tea.
電子レンジでチョコレートを溶かして。	＿＿＿＿＿ chocolate in the microwave.
イヌにえさを与えましたか。	Have you ＿＿＿＿＿ the dog?
このコーヒーは独特の風味がある。	This coffee has a unique ＿＿＿＿＿.
私はその教会に入ることを禁じられている。	I'm ＿＿＿＿＿ to enter the church.
ここでは喫煙は禁止されている。	Smoking is ＿＿＿＿＿ here.
電車内での食事を禁止するべきだ。	We should ＿＿＿＿＿ eating on trains.

1395 advance　1396 progressed　1397 approached　1398 behaved　1399 chasing　1400 overcome
1401 bake　1402 boiled　1403 Melt　1404 fed　1405 flavor　1406 forbidden　1407 prohibited　1408 ban

DATE　　・　　・

道具・機械に関する語

			意　味	1回目	2回目	3回目
1409	tool	[tú:l] トゥーる	道具			
1410	equipment	[ɪkwípmənt] イクウィプメント	装備			
1411	instrument	[ア] [ínstrəmənt] インストルメント	器具			
1412	switch	[swítʃ] スウィッチ	スイッチ			
1413	furniture	[fə́:rnɪtʃər] ふァ〜ニチャ	《集合的に》家具			
1414	screen	[skrí:n] スクリーン	画面			
1415	cell phone	[sél fòun] せる　ふォウン	携帯電話			

人に働きかける

			意　味	1回目	2回目	3回目
1416	beg	[bég] ベグ	(を)請う			
1417	remind	[発] [ア] [rɪmáɪnd] リマインド	に思い出させる			
1418	encourage	[発] [ア] [ɪnkə́:rɪdʒ] インカ〜リッヂ	を励ます			
1419	relieve	[rɪlí:v] リリーヴ	を安心させる			
1420	fascinate	[fǽsənèɪt] ふぁスィネイト	を魅了する			
1421	force	[fɔ́:rs] ふォース	に無理やり〜させる			
1422	confuse	[ア] [kənfjú:z] コンふューズ	を混乱させる			

戦争・戦いに関する語

			意　味	1回目	2回目	3回目
1423	competition	[ア] [kɑ̀:mpətíʃən] カムペティション	競争			
1424	battle	[bǽtəl] バぁトる	戦闘			
1425	army	[ɑ́:rmi] アーミ	《the army で》陸軍			
1426	soldier	[sóuldʒər] ソウるヂャ	兵士			
1427	victory	[víktəri] ヴィクトリ	勝利			
1428	victim	[víktɪm] ヴィクティム	犠牲者			
1429	defeat	[dɪfí:t] ディふィート	敗北			
1430	tank	[tǽŋk] タぁンク	水槽			

形状に関する語

			意　味	1回目	2回目	3回目
1431	figure	[発] [fígjər] ふィギア	(人・物の)姿			
1432	square	[skwéər] スクウェア	正方形，四角			
1433	circle	[sə́:rkəl] サ〜クる	円			
1434	level	[lévəl] れヴェる	水平な			
1435	sheet	[ʃí:t] シート	(紙などの)１枚			
1436	row	[róu] ロウ	列			

Answers

1409 tools　1410 equipment　1411 instrument　1412 switch　1413 furniture　1414 screen　1415 cell phone
1416 begged　1417 remind　1418 encouraged　1419 relieved　1420 fascinated　1421 force　1422 confused

机の中に**道具**がある。	I have _____ in my desk.
その**装備**は安全ではない。	The _____ is not safe.
その**器具**を操作する方法を学びなさい。	Learn how to operate the _____.
スイッチは壁にある。	The _____ is on the wall.
彼らはたくさんの**家具**を買った。	They bought a lot of _____.
画面上に彼女の写真が現れた。	Her picture appeared on the _____.
私は**携帯電話**を取り出した。	I pulled out my _____.

私は彼にとどまってくれるよう**請うた**。	I _____ him to stay.
あなたは私に姉(妹)のことを**思い出させる**。	You _____ me of my sister.
私は一生懸命勉強するよう彼**を励ました**。	I _____ him to study hard.
私はそれを聞いて**安心している**。	I am _____ to hear that.
昆虫はいつも私**を魅了します**。	Insects have always _____ me.
無理に眠ら**せ**ないで。	Don't _____ us to sleep!
その難問は私**を混乱させた**。	The difficult problem _____ me.

仕事を得るには**競争**がある。	There is _____ for the job.
戦闘は約30分間続いた。	The _____ lasted about 30 minutes.
我々は**陸軍**で知り合った。	We met in the _____.
彼は**兵士**になりたかった。	He wanted to be a _____.
我々はチームの**勝利**を祝った。	We celebrated our team's _____.
彼らは戦争の**犠牲者**だった。	They were _____ of the war.
試合は我々の**敗北**で終わった。	The game ended in our _____.
水槽を水で満たしなさい。	Fill the _____ with water.

彼は優雅な**姿**をしている。	He has a graceful _____.
正方形には4辺ある。	A _____ has four sides.
はい，みなさん，**円**を描いてください。	OK, everyone, make a _____.
この床は本当に**水平**ですか。	Is this floor really _____?
紙を1**枚**渡してください。	Hand me a _____ of paper.
彼女は最前**列**に座った。	She sat in the front _____.

1423 competition　1424 battle　1425 army　1426 soldier　1427 victory　1428 victims　1429 defeat
1430 tank　1431 figure　1432 square　1433 circle　1434 level　1435 sheet　1436 row

液体に関する動詞

			意　味	1回目	2回目	3回目
1437	flow	[flóu] ふ**ろ**ウ	流れる			
1438	float	[flóut] ふ**ろ**ウト	浮かぶ			
1439	pour	発 [pɔ́ːr] **ポ**ーア	(液体)を注ぐ			
1440	splash	[splǽʃ] スプ**らぁ**シュ	(水など)をはねかける			

感情を含む動詞

			意　味	1回目	2回目	3回目
1441	expect	ア [ɪkspékt] イクス**ペ**クト	を予期する			
1442	concern	ア [kənsɔ́ːrn] コン**サ**～ン	を心配させる			
1443	hesitate	ア [hézətèɪt] **ヘ**ズィテイト	ためらう			
1444	disappoint	ア [dìsəpɔ́ɪnt] ディサ**ポ**イント	を失望させる			
1445	regret	ア [rɪgrét] リグ**レ**ット	を後悔する			
1446	doubt	発 [dáut] **ダ**ウト	を疑う			
1447	admire	ア [ədmáɪər] アド**マ**イア	に感心する			
1448	pray	[préɪ] プ**レ**イ	(を)祈る			
1449	rely	発 ア [rɪláɪ] リ**ら**イ	《rely on[upon] ... で》…をあてにする			
1450	resist	ア [rɪzíst] リ**ズ**ィスト	に抵抗する			

拒絶する／語根 part（分ける・部分）で覚える語

			意　味	1回目	2回目	3回目
1451	refuse	[rɪfjúːz] リ**ふ**ューズ	(を)拒む			
1452	avoid	ア [əvɔ́ɪd] ア**ヴォ**イド	を避ける			
1453	particular	ア [pərtíkjələr] パ**ティ**キュら	特定の			
1454	participate	ア [pɑːrtísəpèɪt] パー**ティ**スィペイト	参加する			
1455	apartment	[əpɑ́ːrtmənt] ア**パ**ートメント	アパート(の1室)			
1456	department	[dɪpɑ́ːrtmənt] ディ**パ**ートメント	(会社などの)部			

構成する・結合する

			意　味	1回目	2回目	3回目
1457	consist	ア [kənsíst] コン**スィ**スト	《consist of ... で》…から成る			
1458	remain	[rɪméɪn] リ**メ**イン	～のままである			
1459	require	[rɪkwáɪər] リク**ウァ**イア	を必要とする			
1460	adopt	発 [ədɑ́ːpt] ア**ダ**プト	を採用する			
1461	select	[səlékt] スィ**れ**クト	を選ぶ			
1462	limit	[límət] **リ**ミット	を限定する			
1463	unite	発 [ju(ː)náɪt] ユ(ー)**ナ**イト	を結合させる			
1464	connect	ア [kənékt] コ**ネ**クト	を接続する			

Answers

1437 flows　　1438 floating　　1439 poured　　1440 splashed　　1441 expecting　1442 concerned　1443 hesitate

川はここではよりゆっくり**流れる**。	The river _____ more slowly here.
雲が空に**浮かんでいる**。	Clouds are _____ in the sky.
彼女はサラダにドレッシング**をかけた**。	She _____ dressing over the salad.
イルカはみんなに水**をはねかけた**。	The dolphins _____ water on everyone.

警察は騒ぎ**を予期していた**。	The police were _____ trouble.
私はそのテストをとても**心配している**。	I'm very _____ about the test.
ためらわずに私に電話してください。	Don't _____ to call me.
彼はそれを聞いて**失望した**。	He was _____ to hear that.
あとで自分の決断**を後悔した**。	I _____ my decision later.
私はそれが真実かどうか**疑っている**。	I _____ if it is true.
彼女の人間力**に感心する**。	I _____ her people skills.
彼らは平和を**祈った**。	They _____ for peace.
私をあてにしていいよ。	You can _____ on me.
彼らは敵に**抵抗した**。	They _____ the enemy.

彼は一切の質問に答えること**を拒んだ**。	He _____ to answer any questions.
ここをひとりで歩くのは**避け**なさい。	You should _____ walking alone here.
特定の理由なしに賛成した。	I agreed for no _____ reason.
全員が議論に**参加した**。	Everyone _____ in the discussion.
オリビアは小さな**アパート**に住んでいる。	Olivia lives in a small _____ .
彼は営業**部**で働いている。	He works in the sales _____ .

1 週間は 7 日間**から成る**。	A week _____ of seven days.
彼は黙った**ままだった**。	He _____ silent.
この仕事はフランス語の知識**を必要とする**。	This job _____ knowledge of French.
彼らはその新しいルール**を採用した**。	They _____ the new rule.
彼女はチームのリーダーに**選ばれた**。	She was _____ as team leader.
我々は数を 5 までに**限定した**。	We _____ the number to five.
3 つの銀行が**合併された**。	The three banks were _____ .
プリンタをコンピュータに**接続しなさい**。	_____ the printer to the computer.

1444 disappointed	1445 regretted	1446 doubt	1447 admire	1448 prayed	1449 rely	1450 resisted
1451 refused	1452 avoid	1453 particular	1454 participated		1455 apartment	1456 department
1457 consists	1458 remained	1459 requires	1460 adopted	1461 selected	1462 limited	1463 united	1464 Connect

DATE　　・　・

政治・社会に関する語

			意　味	1回目	2回目	3回目
1465	politics	[ア] [pɑ́:lətɪks] パリティクス	政治			
1466	democracy	[ア] [dɪmɑ́:krəsi] ディマクラスィ	民主主義			
1467	freedom	[frí:dəm] ふリーダム	自由			
1468	election	[ɪlékʃən] イれクション	選挙			
1469	official	[ア] [əfíʃəl] オふィシャる	公の			
1470	moral	[mɔ́:rəl] モーラる	《(複)で》道徳			

調査・分析に関する語

			意　味	1回目	2回目	3回目
1471	investigation	[ɪnvèstəgéɪʃən] インヴェスティゲイション	調査			
1472	data	[déɪtə] デイタ	資料			
1473	aspect	[ǽspekt] あスペクト	面			
1474	factor	[fǽktər] ふぁクタ	要因			
1475	analyze	[ǽnəlàɪz] あナらイズ	を分析する			
1476	focus	[fóukəs] ふォウカス	《focus on ... で》…に焦点を合わせる			
1477	concentrate	[ア] [kɑ́:nsəntrèɪt] カンセントレイト	《concentrate (...) on ～で》(…を)～に集中する			
1478	effect	[ア] [ɪfékt] イふェクト	影響			

学問に関する語

			意　味	1回目	2回目	3回目
1479	education	[ア] [èdʒəkéɪʃən] エヂュケイション	教育			
1480	experiment	[ア] [ɪkspérəmənt] イクスペリメント	実験			
1481	laboratory	[lǽbərətɔ̀:ri] らぁボラトーリ	研究室・研究所			
1482	principle	[prínsəpəl] プリンスィプる	主義			
1483	theory	[発] [θí:əri] すィアリ	理論			
1484	scholarship	[skɑ́:lərʃɪp] スカらシップ	奨学金			

程度・確実度を表す語

			意　味	1回目	2回目	3回目
1485	truly	[trú:li] トルーり	本当に			
1486	fully	[fúli] ふりィ	十分に			
1487	slightly	[発] [sláɪtli] スらイトり	わずかに			
1488	simply	[símpli] スィムプり	単に			
1489	gradually	[grǽdʒuəli] グラぁヂュアり	だんだんと			
1490	entire	[ɪntáɪər] エンタイア	全体の			
1491	extreme	[ア] [ɪkstrí:m] イクストリーム	極度の			
1492	likely	[láɪkli] らイクり	ありそうな			

Answers

1465 politics　1466 democracy　1467 freedom　1468 election　1469 official　1470 Morals
1471 investigation　1472 data　1473 aspects　1474 factor　1475 analyzed　1476 focus

私は**政治**に興味がない。	I'm not interested in _____.
民主主義を信じないのですか。	Don't you believe in _____?
私たちは言論の**自由**を守らなくてはならない。	We must protect _____ of speech.
彼女は次の**選挙**に勝つだろう。	She will win the next _____.
そこでの**公用**語は何ですか。	What's the _____ language there?
道徳は文化によって異なる。	_____ are different in our culture.

警察は**調査**を開始した。	The police started an _____.
まず**資料**を見ましょう。	Let's look at the _____ first.
その問題には多くの**面**がある。	The problem has many _____.
残念ながら，飲酒が一つの**要因**でした。	Drinking was a _____, unfortunately.
彼らは大統領の演説**を分析した**。	They _____ the president's speech.
我々は彼らのニーズ**に焦点を合わせる**べきだ。	We should _____ on their needs.
私は宿題**に集中する**ことができない。	I can't _____ on my homework.
彼は人々に**影響**を与えた。	He had an _____ on people.

大学**教育**はお金がとてもかかる。	A college _____ costs a lot.
この**実験**の目的は何ですか。	What's the purpose of this _____?
山本先生は**研究室**で働いている。	Dr. Yamamoto works in a _____.
それは私の**主義**に反する。	It's against my _____.
彼女の**理論**は正しかった。	Her _____ was correct.
彼はハーバード大学への**奨学金**を受け取った。	He received a _____ to Harvard.

彼女は**本当に**幸せだと思った。	She felt _____ happy.
彼らはそれを**十分に**認識している。	They are _____ aware of it.
私のテストの成績は**わずかに**上昇した。	My test scores rose _____.
私たちは**単に**彼に会いたいだけだ。	We _____ want to meet him.
人口は**だんだんと**増加してきた。	The population has _____ increased.
彼女は本の**全部の**ページを読み終わった。	She finished reading the _____ book.
極度の暑さで多くの人が亡くなった。	_____ heat killed many people.
明日は雨が降り**そうだ**。	It is _____ to rain tomorrow.

1477 concentrate　　1478 effect　　1479 education　1480 experiment　　1481 laboratory　1482 principles
1483 theory　　1484 scholarship　　1485 truly　　1486 fully　　1487 slightly　　1488 simply　　1489 gradually
1490 entire　　1491 Extreme　　1492 likely

139

DATE　　・　　・

判断基準

			意　味	1回目	2回目	3回目
1493	direction	[ア] [dərékʃən] ディレクション	方向			
1494	period	[発] [píəriəd] ピアリオド	期間			
1495	sort	[sɔ́:rt] ソート	種類			
1496	variety	[ア] [vəráɪəti] ヴァライエティ	変化(に富むもの)，多様性			
1497	grade	[gréɪd] グレイド	成績《米》			
1498	rate	[réɪt] レイト	率			
1499	balance	[ア] [bǽləns] バぁランス	つり合い			
1500	ingredient	[ɪngrí:diənt] イングリーディエント	成分			
1501	image	[発] [ア] [ímɪdʒ] イミッヂ	像			
1502	impression	[ア] [ɪmpréʃən] イムプレション	印象			
1503	appearance	[əpíərəns] アピアランス	見かけ			
1504	attitude	[ア] [ǽtət(j)ù:d] あティテュ[トゥ]ード	態度			
1505	possibility	[pɑ̀:səbíləti] パーシビリティ	可能性			
1506	absolutely	[ǽbsəlù:tli] あブソるートリ	完全に			

人に関する語

1507	adult	[ədʌ́lt] アダるト	成人			
1508	kid	[kíd] キッド	子ども			
1509	ancestor	[ア] [ǽnsestər] あンセスタ	先祖			
1510	crowd	[発] [kráʊd] クラウド	群衆			
1511	owner	[óʊnər] オウナ	所有者			
1512	speaker	[spí:kər] スピーカ	話す人			
1513	captain	[kǽptən] キあプテン	キャプテン			
1514	author	[発] [ɔ́:θər] オーさ	著者			
1515	director	[dəréktər] ディレクタ	指導者			
1516	immigrant	[ímɪgrənt] イミグラント	(外国からの)移民			
1517	talent	[tǽlənt] タあれント	才能			

厳しい・残酷な

1518	strict	[stríkt] ストリクト	(人が)厳しい			
1519	severe	[発] [sɪvíər] スィヴィア	(人・規律が)厳しい			
1520	cruel	[発] [krú:əl] クルーアる	残酷な			

Answers

1493 direction　1494 period　1495 sort　1496 variety　1497 grade　1498 rate　1499 balance
1500 ingredients　1501 image　1502 impression　1503 appearance　1504 attitude　1505 possibility　1506 absolutely
1507 adults　1508 kids　1509 ancestors　1510 crowd　1511 owner　1512 speakers　1513 captain
1514 author　1515 director　1516 immigrants　1517 talent　1518 strict　1519 severe　1520 cruel

どちらの**方向**に行くのですか。	Which ＿＿＿＿＿ are you taking?
我々は2週間にわたってキャンプした。	We camped over a two-week ＿＿＿＿＿.
どんな**種類**の音楽にわくわくしますか。	What ＿＿＿＿＿ of music excites you?
彼らは**さまざまな**チーズを売っています。	They sell a ＿＿＿＿＿ of cheeses.
彼女はよい**成績**をとった。	She got a good ＿＿＿＿＿.
日本の出生**率**について読んだ。	I read about Japan's birth ＿＿＿＿＿.
物事の**つり合い**がとれていない。	Things are out of ＿＿＿＿＿.
このケーキは多くの**成分**を含んでいる。	This cake has many ＿＿＿＿＿.
デジタル**画像**を送ってください。	Please email me a digital ＿＿＿＿＿.
彼は我々によい**印象**を与えた。	He gave us a good ＿＿＿＿＿.
彼女の**見かけ**が変わっていた。	Her ＿＿＿＿＿ had changed.
彼の仕事に対する**態度**がよい。	His ＿＿＿＿＿ towards work is good.
がんの**可能性**がある。	There is the ＿＿＿＿＿ of cancer.
あなたはそれについて**完全に**正しい。	You are ＿＿＿＿＿ right about that.

成人だけが中に入れる。	Only ＿＿＿＿＿ can go inside.
そこで何人かの**子ども**が遊んでいた。	Some ＿＿＿＿＿ were playing there.
私の**先祖**はスウェーデン出身です。	My ＿＿＿＿＿ are from Sweden.
群衆の中に彼女を見つけた。	I found her in the ＿＿＿＿＿.
私は**所有者**にその価格を尋ねた。	I asked the ＿＿＿＿＿ the price.
ここにはフランス語を**話す人**がたくさんいる。	There are many French ＿＿＿＿＿ here.
彼は私たちのチームの**キャプテン**だ。	He is our team's ＿＿＿＿＿.
著者が自分の本について語った。	The ＿＿＿＿＿ talked about his book.
その**指導者**はみんなに尊敬されている。	The ＿＿＿＿＿ is respected by everyone.
ブラジルは**移民**の国だ。	Brazil is a nation of ＿＿＿＿＿.
彼女は料理の**才能**がある。	She has a ＿＿＿＿＿ for cooking.

彼はとても**厳しい**ダイエットに従った。	He followed a very ＿＿＿＿＿ diet.
その国は**厳しい**経済問題を抱えている。	The country has ＿＿＿＿＿ economic problems.
彼はどうしてあんなに**残酷**になれるのか。	How can he be so ＿＿＿＿＿?

DATE　　　・　　・

場所・部分を表す語

			意　味	1回目	2回目	3回目
1521	position	[ア] [pəzíʃən] ポズィション	位置			
1522	spot	[spɑ́:t] スパート	場所			
1523	suburb	[ア] [sʌ́bə:rb] サバ～ブ	《the suburbsで》郊外			
1524	region	[rí:dʒən] リーヂョン	地方			
1525	base	[béɪs] ベイス	土台			
1526	locate	[lóʊkeɪt] ろウケイト	(…の)場所・位置を示す			
1527	upstairs	[ʌ́pstéərz] アプステアズ	階上へ			
1528	downtown	[dáʊntáʊn] ダウンタウン	繁華街・商業地区へ(で)			
1529	frame	[fréɪm] フレイム	骨組み			
1530	edge	[édʒ] エヂ	ふち			
1531	surface	[ア] [sə́:rfəs] サ～ふィス	表面			
1532	section	[sékʃən] セクション	区域			
1533	elsewhere	[élswèər] エるスウェア	どこかほかのところで			
1534	everywhere	[évriwèər] エヴリウェア	どこでも			

命じる／従う

1535	command	[kəmǽnd] コマぁンド	(に)命令する			
1536	obey	[ア] [oʊbéɪ] オウベイ	(に)従う			

事故・事件などに関する語

1537	gun	[gʌ́n] ガン	銃			
1538	weapon	[発] [wépən] ウェポン	武器			
1539	crime	[kráɪm] クライム	罪			
1540	poison	[pɔ́ɪzən] ポイズン	毒			
1541	alarm	[əlɑ́:rm] アらーム	警報(器)			
1542	shock	[ʃɑ́:k] シャク	衝撃的なこと			
1543	thief	[θí:f] すぃーふ	どろぼう			
1544	harm	[hɑ́:rm] ハーム	害			
1545	risk	[rísk] リスク	(自ら冒す)危険			
1546	steal	[stí:l] スティーる	(こっそりと)(を)盗む			
1547	rob	[rɑ́:b] ラブ	を奪う			
1548	assure	[発] [əʃʊ́ər] アシュア	を保証する			

Answers

1521 position　1522 spot　1523 suburbs　1524 region　1525 base　1526 locate　1527 upstairs
1528 downtown　1529 frame　1530 edge　1531 surface　1532 section　1533 elsewhere　1534 everywhere
1535 commanded　1536 obey　1537 gun　1538 weapon　1539 crime　1540 poison　1541 alarm
1542 shock　1543 thief　1544 harm　1545 risk　1546 stolen　1547 robbed　1548 assure

私の**位置**からはよく見える。	It looks good from my ＿＿＿＿＿＿.
私たちは静かな**場所**を見つけた。	We found a quiet ＿＿＿＿＿＿.
私は**郊外**での生活を楽しんでいる。	I enjoy living in the ＿＿＿＿＿＿.
メグは関西**地方**に住んでいる。	Meg lives in the Kansai ＿＿＿＿＿＿.
私はその像の**土台**に座った。	I sat at the statue's ＿＿＿＿＿＿.
この地図上でそれの**場所を示して**ください。	Please ＿＿＿＿＿＿ it on this map.
母が**階上へ**行った。	Mom went ＿＿＿＿＿＿.
スティーヴは**繁華街で**働いている。	Steve works ＿＿＿＿＿＿.
あなたは**骨組み**を組み立てなくてはならない。	You have to build the ＿＿＿＿＿＿.
私はテーブルの**ふち**に触れた。	I touched the table's ＿＿＿＿＿＿.
道の**表面**が濡れていた。	The road's ＿＿＿＿＿＿ was wet.
そのレストランには喫煙**区域**があった。	The restaurant had a smoking ＿＿＿＿＿＿.
彼は**ほかのところで**仕事を探している。	He is seeking a job ＿＿＿＿＿＿.
どこにでもネコがいた。	There were cats ＿＿＿＿＿＿.
警察は彼に止まるように**命令した**。	The police ＿＿＿＿＿＿ him to stop.
あなたは学校の規則**に従わ**なければならない。	You must ＿＿＿＿＿＿ the school rules.
私は**銃**を所有していません。	I don't have a ＿＿＿＿＿＿.
彼は**武器**を隠した。	He hid the ＿＿＿＿＿＿.
彼女は**罪**を犯した。	She committed the ＿＿＿＿＿＿.
ロミオはびんに入った**毒**を飲んだ。	Romeo drank a bottle of ＿＿＿＿＿＿.
突然，**警報器**が鳴った。	Suddenly, an ＿＿＿＿＿＿ went off.
彼女は何とかその**衝撃**から立ち直った。	She somehow recovered from the ＿＿＿＿＿＿.
どろぼうがその家に侵入した。	A ＿＿＿＿＿＿ broke into the house.
喫煙は健康に**害**を与える。	Smoking does ＿＿＿＿＿＿ to your health.
あなたは大きな**危険**を背負っている。	You are taking a big ＿＿＿＿＿＿.
私は腕時計**を盗まれた**。	I had my watch ＿＿＿＿＿＿.
彼はお金を**奪われた**。	He was ＿＿＿＿＿＿ of his money.
私が正しいこと**を保証します**。	I ＿＿＿＿＿＿ you I'm right.

DATE　　　・　　　・

事故・事件などに関する語

			意 味	1回目	2回目	3回目
1549	explode	[ア] [ɪksplóud] イクスプ**ろ**ウド	爆発する			
1550	pollute	[ア] [pəlúːt] ポ**る**ート	を汚染する			
1551	ruin	[rúːɪn] **ル**ーイン	を台なしにする			
1552	crash	[kræʃ] ク**ラぁ**シュ	(自動車が)衝突する			
1553	arrest	[ərést] ア**レ**スト	逮捕する			
1554	grab	[græb] グ**ラぁ**ブ	をつかむ			

交通に関する語

			意 味	1回目	2回目	3回目
1555	traffic	[trǽfɪk] ト**ラぁ**ふィク	交通(量)			
1556	transportation	[ア] [trænspərtéɪʃən] トラぁンスポ**テ**イション	輸送(機関)			
1557	avenue	[発] [ǽvən(j)ùː] **あ**ヴェニュ[ヌ]ー	大通り			
1558	path	[pæθ] **パぁ**す	小道			
1559	license	[láɪsəns] **ら**イセンス	免許(証)			
1560	signal	[sígnəl] **スィ**グヌる	信号(機)			
1561	fuel	[発] [fjúːəl] **ふュ**ーエる	燃料			
1562	baggage	[発] [bǽgɪdʒ] **バぁ**ギッヂ	(旅行の)手荷物(米)			

意見などを述べる

			意 味	1回目	2回目	3回目
1563	advise	[発] [ア] [ədváɪz] アド**ヴァ**イズ	(に)忠告する			
1564	suggest	[発] [səgdʒést] サ**ヂェ**スト	を提案する			
1565	recommend	[ア] [rèkəménd] レコ**メ**ンド	を推薦する			
1566	reply	[発] [ア] [rɪpláɪ] リプ**ら**イ	返事をする			
1567	describe	[dɪskráɪb] ディスク**ラ**イブ	を描写する			
1568	announce	[発] [ənáuns] ア**ナ**ウンス	を発表する			
1569	publish	[pʌ́blɪʃ] **パ**ブリッシュ	(を)出版する			
1570	debate	[dɪbéɪt] ディ**ベ**イト	討論			
1571	statement	[stéɪtmənt] **ス**テイトメント	声明(書)			

集団・社会に関する語

			意 味	1回目	2回目	3回目
1572	association	[ア] [əsòusiéɪʃən] アソウスィ**エ**イション	協会			
1573	committee	[ア] [kəmíti] カ**ミ**ティ	委員会			
1574	independence	[ア] [ìndɪpéndəns] インディ**ペ**ンデンス	独立			
1575	duty	[d(j)úːti] **デュ[ドゥ]**ーティ	義務			
1576	structure	[strʌ́ktʃər] スト**ラ**クチャ	構造(物)			

Answers

1549 exploded　1550 polluted　1551 ruined　1552 crashed　1553 arrested　1554 grabbed　1555 traffic
1556 transportation　1557 avenue　1558 path　1559 license　1560 signal　1561 Fuel

爆弾が**爆発した**。	The bomb ＿＿＿＿.
川が**汚染されている**。	The river is ＿＿＿＿.
雨でピクニックが**台なしになった**。	The rain ＿＿＿＿ our picnic.
車が店に**衝突した**。	The car ＿＿＿＿ into a store.
彼はその罪で**逮捕された**。	He was ＿＿＿＿ for the crime.
彼は彼女のバッグ**をつかんで**立ち去った。	He ＿＿＿＿ her bag and left.
今朝の**交通量**は激しかった。	The ＿＿＿＿ was heavy this morning.
私たちの街は公共の**輸送機関**が充実している。	Our city has good public ＿＿＿＿.
大通りに沿って木々があった。	There were trees along the ＿＿＿＿.
その**小道**は湖に通じている。	The ＿＿＿＿ leads to the lake.
ジョンは運転**免許**を取った。	John got a driver's ＿＿＿＿.
信号が青になった。	The ＿＿＿＿ turned green.
燃料費が上がっている。	＿＿＿＿ costs are rising.
私たちは**手荷物**を持ち込みすぎた。	We brought too much ＿＿＿＿.
医者は彼に休息するよう**忠告した**。	The doctor ＿＿＿＿ him to rest.
彼女は異なる計画**を提案した**。	She ＿＿＿＿ a different plan.
あなたは何をデザートに**推薦**しますか。	What do you ＿＿＿＿ for dessert?
彼は私の質問に**返事**をしなかった。	He didn't ＿＿＿＿ to my question.
言葉ではその美しさ**を描写する**ことはできない。	Words cannot ＿＿＿＿ its beauty.
彼女は新しい目標**を発表した**。	She ＿＿＿＿ a new goal.
その本は1851年に**出版**された。	The book was ＿＿＿＿ in 1851.
私たちのチームはクラス**討論**で勝利した。	Our team won the class ＿＿＿＿.
大統領は短い**声明**を出した。	The President made a short ＿＿＿＿.
昨日，**協会**は会合を開いた。	The ＿＿＿＿ held its meeting yesterday.
その**委員会**には約50人の会員がいる。	The ＿＿＿＿ has about fifty members.
その国は**独立**を望んでいた。	The country wanted ＿＿＿＿.
彼女は公**務**を遂行した。	She carried out her official ＿＿＿＿.
彼らはDNAの**構造**を発見した。	They discovered the ＿＿＿＿ of DNA.

1562 baggage　1563 advised　1564 suggested　1565 recommend　1566 reply　1567 describe　1568 announced
1569 published　1570 debate　1571 statement　1572 association　1573 committee　1574 independence
1575 duties　1576 structure

身につけておきたい熟語⑪ 時を表す熟語

	意　味	1回目	2回目
1577 the day before yesterday	おととい		
1578 the day after tomorrow	あさって		
1579 the other day	先日		
1580 these days	このごろ(は)		
1581 in those days	当時は		
1582 at that time	そのころは		

頻度を表す熟語

1583 each time ...	…するたびに		
1584 all the time	いつも		
1585 day after day	毎日毎日		
1586 day by day	日ごとに		
1587 every other day	1日おきに		
1588 over and over again	何度も何度も		
1589 as usual	いつものように		
1590 by chance	偶然に		

身につけておきたい熟語⑫ 基本動詞句

1591 pull out (〜)	を引き抜く		
1592 point out 〜	を指摘する		
1593 wear out (〜)	をすり減らす		
1594 see off 〜	を見送る		
1595 pay[give] attention to ...	…に注意を払う		
1596 pay[make] a visit to ...	(場所)を訪れる		

場所などを表す群前置詞

1597 in front of ...	…の前に		
1598 in back of ...	…の後ろに		
1599 in the middle of ...	…の真ん中に		
1600 at the top of ...	…の頂上に		
1601 at the bottom of ...	…の底に		
1602 next to ...	…のとなりに		
1603 across from ...	…の向かいに		
1604 out of ...	…の中から		

Answers

1577 the day before yesterday　1578 the day after tomorrow　1579 the other day　1580 these days
1581 In those days　1582 At that time　1583 each time　1584 all the time
1585 day after day　1586 day by day　1587 every other day　1588 over and over again

おととい私は料理をした。	I cooked _____.
あさって彼らは出発するでしょう。	They'll leave _____ .
私は**先日**買い物に行った。	I went shopping _____.
このごろ私は現金を使わない。	I don't use cash _____.
当時は，雑誌を買っていた。	_____, I bought magazines.
そのころ，彼女はここにいなかった。	_____, she wasn't here.

電車が通り過ぎる**たびに**家が揺れる。	The house shakes _____ a train passes.
私は**いつも**幸せでいたい。	I want to be happy _____.
我々は**毎日毎日**そこで待っていた。	We waited there _____.
日ごとに暖かくなってきている。	It's getting warmer _____.
私は**1日おきに**テニスをする。	I play tennis _____.
私は**何度も何度も**練習した。	I practiced _____.
いつものようにあそこで会おう。	Let's meet there _____.
彼は**偶然に**その指輪を見つけた。	He found the ring _____.

白髪**を抜く**な。	Don't _____ your gray hairs.
彼は問題点**を指摘した**。	He _____ a problem.
子どもたちは靴をすぐに**すり減らす**。	Children _____ their shoes quickly.
彼**を見送る**ために彼女はやって来た。	She came to _____ him _____.
彼らは私**に注意を払わ**なかった。	They didn't _____ me.
彼女は京都**を訪れた**。	She _____ a _____ Kyoto.

彼は私**の前に**立った。	He stood _____ me.
私はカバンを自分**の後ろに**置いた。	I put my bag _____ me.
彼は都会**の真ん中に**住んでいる。	He lives _____ the city.
我々はその山**の頂上に**旗を立てた。	We put a flag _____ the mountain.
その海**の底に**奇妙な生き物がいた。	There were strange creatures _____ the sea.
私は彼**のとなりに**座った。	I sat _____ him.
図書館**の向かいに**銀行がある。	There's a bank _____ the library.
アンバーが家**の中から**出てきた。	Amber came _____ the house.

1589 as usual	1590 by chance	1591 pull out	1592 pointed out
1593 wear out	1594 see / off	1595 pay[give] attention to	1596 paid[made] / visit to
1597 in front of	1598 in back of	1599 in the middle of	1600 at the top of
1601 at the bottom of	1602 next to	1603 across from	1604 out of

身につけておきたい熟語⑬ as を含む熟語

		意　味	1回目	2回目
1605	as ... as one can[possible]	できるだけ…		
1606	... as well	同様に…		
1607	the same ... as ～	～と同じ…		
1608	...(,) such as ～	(たとえば) ～のような…		
1609	such ... as to do	～するような…		

不定詞を含む熟語

1610	be about to do	(まさに)～しようとしている		
1611	in order to do	～するために		
1612	too ... to do	～するには…すぎる		
1613	... enough to do	～するのに十分…		

基本動詞句

1614	go along[down] ...	…をまっすぐ行く		
1615	catch up (with ...)	(…に)追いつく		
1616	feel sorry for ...	…のことを気の毒に思う		
1617	remind 〈人〉 of ...	〈人〉に…を思い出させる		
1618	owe ... to ～	…は～のおかげである		

身につけておきたい熟語⑭ 否定の熟語

1619	no longer ...	もはや…でない		
1620	not ... at all	少しも…ない		
1621	not always ...	いつも…とは限らない		
1622	anything but ...	《do anything but ... で》 …以外なら何でもする		
1623	nothing but ...	ただ…だけ		
1624	far from ...	…からはほど遠い		
1625	by no means ...	決して…ない		

基本動詞句

1626	get rid of ...	…を取り除く		
1627	look into ...	…を調査する		
1628	pick up ～	を拾いあげる		
1629	set up ～	を立てる		
1630	take up ～	(趣味など)を始める		
1631	turn up	現れる		
1632	take ... for granted	…を当然のことと思う		

Answers
1605 as / as / can　1606 as well　1607 the same / as　1608 such as　1609 such / as to
1610 were about to　1611 in order to　1612 too / to　1613 enough to　1614 going along　1615 catch up with

できるだけ速く走りなさい。	Run _____ fast _____ you _____.
彼は靴と靴下も同様に買った。	He bought shoes and socks _____ _____.
私はデイビッドと同じものを注文した。	I ordered _____ thing _____ David did.
私はたとえばクッキーやケーキのような甘いものが好きだ。	I like sweets, _____ cookies and cakes.
彼女は彼を信じるような愚か者だった。	She was _____ a fool _____ believe him.
彼らはまさに出かけようとしていた。	They _____ go out.
生きるために人々は働く。	People work _____ live.
君は車を運転するには若すぎる。	You're _____ young _____ drive a car.
天気は泳ぎに行くのに十分暖かかった。	The weather was warm _____ go swimming.
彼らはこの通りをまっすぐ行き続けた。	They kept _____ this street.
あとで君に追いつくよ。	I'll _____ you later.
彼女はその人のことを気の毒に思った。	She _____ the man.
ボブは私に父親を思い出させる。	Bob _____ me _____ my father.
私たちの成功はマイクのおかげである。	We _____ our success _____ Mike.
君はもはや子どもではない。	You are _____ a child.
私は彼の言っていることが少しもわからなかった。	I didn't understand him _____ _____.
これらのものはいつも無料とは限りません。	These things are _____ free.
この仕事以外なら何でもします。	I'll do _____ this job.
食べるものがサラダだけだった。	There was _____ salad to eat.
そのミュージカルはヒットからはほど遠かった。	The musical was _____ being a hit.
そのコースは決して難しくない。	The course is _____ difficult.
このごみを取り除きましょう。	Let's _____ this garbage.
彼らはその件を調査している。	They are _____ the matter.
彼女はそのごみを拾った。	She _____ the trash.
彼らはテントを立てるだろう。	They will _____ their tents.
私は最近ゴルフを始めた。	I have _____ golf recently.
彼はいつも通り遅れて現れた。	He _____ late as usual.
人々はインターネットを当然のものと思っている。	People _____ the internet _____.

1616 felt sorry for 1617 reminds / of 1618 owe / to 1619 no longer 1620 at all 1621 not always
1622 anything but 1623 nothing but 1624 far from 1625 by no means 1626 get rid of 1627 looking into
1628 picked up 1629 set up 1630 taken up 1631 turned up 1632 take / for granted

もっと書いてみよう!

		意　味				

入試での頻出単語Ⅱ

（336 語）

引き続き，共通テストなど入試で頻出の単語がまとめてあります。
共通テストで必要とされる約 3,000 〜 4,000 語レベルの語彙力の完成を目指しましょう。

ここで学ぶ
単語の種類

- よい状態・性質を表す語
- 概念に関する語
- 知的活動をする
- 形態・状態を表す語
- 理論展開に使う語
- 調査・分析に関する語
- 状態・性質を表す語
- 認める・許す／思考する
- 知らせる・意見を述べる
- 得る／与える
- 語根 tain（保つ）で覚える語
- よくない状態・性質を表す語
- さまたげる／否定的な態度をとる
- 感情を表す語
- 身体・健康／学校に関する語
- 人に関する語
- 文学に関する語
- 目的・手段などに関する語
- 感情を含んだ動詞
- -ever の形の語
- 程度・頻度・時を表す語
- 物質
- 宗教・精神に関する語
- 要求する・働きかける
- 語根 pose（置く）で覚える語
- 減少／遅延に関する動詞

- 発生／終局に関する動詞
- 申し込む／取り消す
- 方向・位置などを表す語
- 生命・福祉に関する語
- 産業・経済に関する語
- 生活に関する動詞
- 仕事に関する語
- 自然に関する語
- よい概念を表す語
- 金銭・会計に関する語
- 戦争・戦いなどに関する語
- 現代社会に関する語
- 旅行・観光に関する語
- 身につけておきたい熟語⑮ out ／ at ／ in を
  含む熟語
- 不定詞を含む熟語
- 身につけておきたい熟語⑯ 判断・意図・限
  定などを表す熟語
- 身につけておきたい熟語⑰ 動名詞を含む熟
  語
- 論理を表す群前置詞
- 身につけておきたい熟語⑱ 期間を表す熟語
- 接続詞句

チェックボックスの左側は音声チェック欄,
右側は音読チェック欄として使おう

よい状態・性質を表す語

			意　味	1回目	2回目	3回目
1633	powerful	[páʊərfəl] パウアふる	強力な			
1634	capable	発 ア [kéɪpəbəl] ケイパブる	有能な			
1635	clever	[klévər] クれヴァ	りこうな			
1636	wealthy	発 [wélθi] ウェるすィ	裕福な			
1637	positive	[pá:zətɪv] パズィティヴ	積極的な			
1638	efficient	ア [ɪfíʃənt] イふィシェント	有能な			
1639	suitable	[sú:təbəl] スータブる	適した			
1640	essential	ア [ɪsénʃəl] イセンシャる	不可欠の			
1641	pure	[pjúər] ピュア	純粋な			
1642	skillful	[skílfəl] スキるふる	熟練した			
1643	superior	ア [su(:)píəriər] ス(ー)ピアリア	優れている			

概念に関する語

1644	concept	ア [ká:nsept] カンセプト	概念			
1645	process	ア [prá:ses] プラセス	過程			
1646	definition	ア [dèfəníʃən] デふィニション	定義			

知的活動をする

1647	research	[risə́:rtʃ] リーサ～チ	(を)研究する			
1648	observe	ア [əbzə́:rv] オブザ～ヴ	(を)観察する			
1649	measure	発 [méʒər] メヂャ	(を)測る			
1650	estimate	動 [éstəmèɪt] エスティメイト 名 [éstəmèt]	(を)見積もる			
1651	memorize	ア [méməràɪz] メモライズ	を記憶する			
1652	refer	ア [rɪfə́:r] リふァ～	《refer to ... で》 …に言及する			
1653	arrange	[əréɪndʒ] アレインヂ	を整える			
1654	adjust	発 [ədʒʌ́st] アヂャスト	を調節する			
1655	imitate	[ímətèɪt] イミテイト	をまねる			
1656	explore	[ɪksplɔ́:r] イクスプろーア	を探検する			
1657	translate	[trǽnsleɪt] トラぁンスれイト	(を)翻訳する			
1658	comprehend	ア [kà:mprɪhénd] カムプリヘンド	を理解する			
1659	consult	ア [kənsʌ́lt] カンサるト	(専門家) に相談する			
1660	manage	ア [mǽnɪdʒ] マぁニッヂ	を管理する			

A nswers

1633 powerful　1634 capable　1635 clever　1636 wealthy　1637 positive　1638 efficient　1639 suitable　1640 essential
1641 pure　1642 skillful　1643 superior　1644 concept　1645 process　1646 definition　1647 researched

このエンジンはとても**強力**だ。	This engine is very _____.
彼女はとても**有能な**研究者だ。	She is a very _____ researcher.
ジミーは**りこうな**少年だ。	Jimmy is a _____ little boy.
ピーターは**裕福な**家の出である。	Peter comes from a _____ family.
積極的でいなさい，そうすれば君は成功するだろう。	Be _____, and you will succeed.
ナタリーは**有能な**働き手だ。	Natalie is an _____ worker.
そこは勉強するのに**適した**場所だ。	That's a _____ place to study.
運動はよい健康状態に**不可欠**だ。	Exercise is _____ for good health.
それは**純金**でできている。	It is made of _____ gold.
彼女は**熟練した**アイススケーターだ。	She is a _____ ice skater.
その**優れた**味は有名だ。	Its _____ taste is well known.
その**概念**を理解することは難しい。	It's difficult to understand the _____.
その**過程**には３つの異なる段階がある。	The _____ has three different stages.
この単語の**定義**は何ですか。	What's the _____ of this word?
彼は大学で古代文明**を研究した**。	He _____ ancient civilizations in college.
私は昨夜，月**を観察した**。	I _____ the moon last night.
注意してその机の寸法**を測りなさい**。	_____ the desk carefully.
その岩石の年代**を見積もる**ことができますか。	Can you _____ the rock's age?
私はそのスピーチ**を記憶し**なければならなかった。	I had to _____ the speech.
もう二度とそれ**に言及し**ません。	I won't _____ to it again.
彼女はその部屋の椅子**を整えた**。	She _____ chairs in the room.
私のネクタイ**を調節して**もらえますか。	Can you _____ my necktie?
私はその役者の声**をまねする**ことができる。	I can _____ the actor's voice.
私たちは昨年，そのほら穴**を探検した**。	We _____ the cave last year.
その本はフランス語に**翻訳**された。	The book was _____ into French.
何が起こったのか**理解する**ことができない。	I can't _____ what happened.
あなたは医師**に相談す**べきだ。	You should _____ a doctor.
その会社が駐車場**を管理している**。	The company _____ the parking lot.

1648 observed　1649 Measure　1650 estimate　1651 memorize　1652 refer　1653 arranged　1654 adjust　1655 imitate
1656 explored　1657 translated　1658 comprehend　1659 consult　1660 manages

形態・状態を表す語

			意　味	1回目	2回目	3回目
1661	rough	発 [rʌ́f] ラふ	でこぼこした			
1662	flat	[flǽt] ふらぁト	平らな			
1663	smooth	発 [smúːð] スムーず	なめらかな			
1664	broad	発 [brɔ́ːd] ブロード	(幅が)広い			
1665	narrow	[nǽrou] ネロウ	(幅が)狭い			
1666	specific	[spəsífɪk] スペシふィク	明確な			

理論展開に使う語

			意味	1回目	2回目	3回目
1667	fortunately	ア [fɔ́ːrtʃənətli] ふォーチュネトリ	幸運にも			
1668	frankly	[frǽŋkli] ふラぁンクリ	率直に			
1669	anyway	[éniwèi] エニウェイ	とにかく			
1670	therefore	[ðéərfɔ̀ːr] ぜアふォー	それゆえに			
1671	eventually	[ɪvéntʃuəli] イヴェンチュアリ	最後には			
1672	furthermore	[fə́ːrðərmɔ̀ːr] ふァ〜ざモー	さらに			
1673	moreover	[mɔːróuvər] モーロウヴァ	その上			
1674	thus	[ðʌ́s] ざス	したがって			

調査・分析に関する語

			意味	1回目	2回目	3回目
1675	survey	発 ア 名 [sə́rveɪ] サ〜ヴェイ 動 [sərvéɪ] サ〜ヴェイ	調査			
1676	object	ア 名 [ɑ́ːbdʒɪkt] アブヂクト 動 [əːbdʒékt] アブヂェクト	物体			
1677	mission	[míʃən] ミション	使命			
1678	frequency	ア [fríːkwənsi] ふリークウェンスィ	しばしば起こること			
1679	average	ア [ǽvərɪdʒ] あヴェリヂ	平均の			
1680	standard	[stǽndərd] スタぁンダド	基準			
1681	relation	[rɪléɪʃən] リれイション	関係			
1682	combination	[kɑ̀ːmbənéɪʃən] カムビネイション	組み合わせ			
1683	evidence	ア [évədəns] エヴィデンス	証拠			
1684	demonstrate	ア [démənstrèɪt] デモンストレイト	を実演する			
1685	conclusion	ア [kənklúːʒən] コンクるーヂョン	結論			
1686	phenomenon	[fɪnáːmənàːn] ふィナメナン	現象			
1687	trend	[trénd] トレンド	傾向			
1688	predict	[prɪdíkt] プリディクト	を予測する			

nswers　1661 rough　1662 flat　1663 smooth　1664 broad　1665 narrow　1666 specific
1667 Fortunately　1668 frankly　1669 anyway　1670 Therefore　1671 Eventually　1672 Furthermore　1673 Moreover　1674 Thus

154

道は**でこぼこして**いた。	The road was ＿＿＿＿＿＿＿.
そのテーブルの表面は**平ら**だ。	The table's surface is ＿＿＿＿＿＿＿.
その飛行機の着陸はとても**なめらか**だった。	The plane's landing was very ＿＿＿＿＿＿＿.
ジョンは**広い**肩をしている。	John has ＿＿＿＿＿＿＿ shoulders.
ここは道がとても**狭い**。	The road is very ＿＿＿＿＿＿＿ here.
説明はもっと**明確に**してください。	Be more ＿＿＿＿＿＿＿ in your explanation.

幸運にも，けが人は出なかった。	＿＿＿＿＿＿＿, no one was hurt.
彼女は自分の意見を**率直に**述べた。	She expressed her opinion ＿＿＿＿＿＿＿.
とにかく彼女に電話してみよう。	I'll call her ＿＿＿＿＿＿＿.
それゆえに，我々は進み続けなくてはならない。	＿＿＿＿＿＿＿, we must go on.
最後には平和になるだろう。	＿＿＿＿＿＿＿ there will be peace.
さらに，値段が高すぎた。	＿＿＿＿＿＿＿, the prices were too high.
その上，それは最高のカメラだ。	＿＿＿＿＿＿＿, it is the best camera.
大雨が降った。**したがって**私たちは家にとどまった。	It poured. ＿＿＿＿＿＿＿ we stayed home.

彼らはその**調査**に参加した。	They took part in the ＿＿＿＿＿＿＿.
その船は固い**物体**にぶつかった。	The ship hit a solid ＿＿＿＿＿＿＿.
我々の**使命**を果たさなければならない。	We must complete our ＿＿＿＿＿＿＿.
地震が**しばしば起こること**が恐ろしい。	The ＿＿＿＿＿＿＿ of earthquakes is scary.
平均収入は２パーセント上がった。	＿＿＿＿＿＿＿ earnings rose by 2 percent.
それは安全**基準**を満たしていない。	That doesn't meet safety ＿＿＿＿＿＿＿.
彼らの**関係**は最近改善されてきている。	＿＿＿＿＿＿＿ between them have improved recently.
よい色の**組み合わせ**です。	That's a good ＿＿＿＿＿＿＿ of colors.
現在のところ，**証拠**がない。	At present we have no ＿＿＿＿＿＿＿.
彼らは新製品の**実演を行う**。	They will ＿＿＿＿＿＿＿ the new product.
その本の**結論**はびっくりするものだった。	The book's ＿＿＿＿＿＿＿ was surprising.
その**現象**を説明することができますか。	Can you explain that ＿＿＿＿＿＿＿?
私はファッションの**傾向**に強い関心がない。	I don't follow fashion ＿＿＿＿＿＿＿.
私は彼女が勝つと**予測する**。	I ＿＿＿＿＿＿＿ she will win.

1675 survey　1676 object　1677 mission　1678 frequency　1679 Average　1680 standards　1681 Relations
1682 combination　1683 evidence　1684 demonstrate　1685 conclusion　1686 phenomenon　1687 trends　1688 predict

状態・性質を表す語

			意 味	1回目	2回目	3回目
1689	crowded	発 [kráʊdɪd] クラウディド	混みあった			
1690	rapid	[ræpɪd] ラぁピッド	速い			
1691	complex	ア [kà:mpléks] コムプれクス	複雑な			
1692	alike	ア [əláɪk] アらイク	(互いに)似ている			
1693	artificial	ア [ù:rtəfíʃəl] アーティふィシャる	人工の			
1694	electric	[ɪléktrɪk] イれクトリク	電気の			
1695	humid	[hjú:mɪd] ヒューミッド	湿気の多い			
1696	chemical	[kémɪkəl] ケミクる	化学的な			

認める・許す／思考する

			意 味	1回目	2回目	3回目
1697	admit	ア [ədmít] アドミット	(入学など)を許可する			
1698	permit	ア [pərmít] パミット	を許可する			
1699	consider	ア [kənsídər] カンスィダ	(を)よく考える			
1700	regard	[rɪɡá:rd] リガード	《regard ... as〜で》…を〜とみなす			
1701	identify	ア [aɪdéntəfàɪ] アイデンティふァイ	が何(だれ)だかわかる			
1702	determine	発 ア [dɪtə́:rmən] ディタ〜ミン	(〜すること)を決心する			

知らせる・意見を述べる

			意 味	1回目	2回目	3回目
1703	inform	[ɪnfɔ́:rm] インふォーム	に知らせる			
1704	mention	[ménʃən] メンション	について言及する			
1705	stress	[strés] ストレス	を強調する			
1706	argue	ア [á:rɡju:] アーギュー	議論する			
1707	chat	[tʃǽt] チぁット	雑談する			
1708	broadcast	[brɔ́:dkæst] ブロードキぁスト	放送する			
1709	review	ア [rɪvjú:] リヴュー	を再検討する			

得る／与える

			意 味	1回目	2回目	3回目
1710	gain	[ɡéɪn] ゲイン	を獲得する			
1711	provide	ア [prəváɪd] プロヴァイド	(足りないもの)を供給する			
1712	supply	ア [səpláɪ] サプらイ	を供給する			
1713	contribute	ア [kəntríbju:t] コントリビュート	貢献する			

語根 tain（保つ）で覚える語

			意 味	1回目	2回目	3回目
1714	obtain	ア [əbtéɪn] オブテイン	を手に入れる			
1715	contain	ア [kəntéɪn] コンテイン	を含む			
1716	sustainable	[səstéɪnəbəl] サステイナブる	持続可能な			

Answers

1689 crowded　　1690 rapid　　1691 complex　　1692 alike　　1693 artificial　　1694 electric　　1695 humid　　1696 chemical

その通りはとても**混みあって**いた。	The streets were very _____.
快速（急行）列車に乗りましょう。	Let's take the _____ train.
世界はますます**複雑に**なってきている。	The world is becoming more _____.
その2人の姉妹は**似て**いた。	The two sisters were _____.
それは**人工の**木材でできている。	It's made of _____ wood.
私の母は**電気**自動車を運転している。	My mother drives an _____ car.
今朝は本当に**湿気が多い**。	It's really _____ this morning.
プラスチックはさまざまな**化学**物質から構成されている。	Plastic consists of various _____ substances.

その学校は 200 人の新入生**の入学を許可した**。	The school _____ 200 new students.
授業中ものを食べることは**許可されていない**。	Eating is not _____ in class.
注意深くそのアイデア**を考えて**ください。	Please _____ the idea carefully.
私たちはそれ**を**最善のものだ**とみなしている**。	We _____ it as the best.
私にはその飛行物体**が何なのか**わからなかった。	I couldn't _____ the flying object.
彼は家を買うこと**を決心した**。	He _____ to buy a house.

その結果を私**に知らせて**ください。	Please _____ me of the result.
彼らはその問題**について言及**しなかった。	They didn't _____ the problem.
彼女は平和の大切さ**を強調した**。	She _____ the importance of peace.
もうその件について**議論する**のはやめなさい。	Don't _____ about the matter anymore.
私は友人と**雑談した**。	I _____ with my friend.
そのサッカーの試合は生で**放送された**。	The soccer game was _____ live.
我々はその計画**を再検討する**べきだ。	We should _____ the plan.

日本は金メダル**を獲得した**。	Japan _____ a gold medal.
彼らは飢えた子どもたちに食料**を供給する**。	They _____ food to hungry children.
その会社は私たちにタオル**を供給している**。	The company _____ us with towels.
彼は私たちの成功に大いに**貢献した**。	He _____ greatly to our success.

我々はさらに多くの情報**を手に入れた**。	We _____ more information.
そのアメは大量の砂糖**を含んでいる**。	The candy _____ lots of sugar.
このエネルギー源は**持続可能**ではない。	This energy is not _____.

1697 admitted　1698 permitted　1699 consider　1700 regard　1701 identify　1702 determined　1703 inform
1704 mention　1705 stressed　1706 argue　1707 chatted　1708 broadcast　1709 review　1710 gained　1711 provide
1712 supplies　1713 contributed　1714 obtained　1715 contains　1716 sustainable

よくない状態・性質を表す語

			意 味	1回目	2回目	3回目
1717	scared	発 [skéərd] スケアド	おびえた			
1718	scary	[skéəri] スケアリ	恐ろしい			
1719	ashamed	[əʃéɪmd] アシェイムド	恥じて			
1720	miserable	ア [mízərəbəl] ミゼラブる	みじめな			
1721	guilty	発 [gílti] ギるティ	有罪の			
1722	violent	[váɪələnt] ヴァイオれント	激しい			
1723	evil	[íːvəl] イーヴる	邪悪な			

さまたげる／否定的な態度をとる

			意 味	1回目	2回目	3回目
1724	disturb	ア [dɪstáːrb] ディスタ～ブ	を妨害する			
1725	bother	発 ア [bάːðər] バざ	を悩ませる			
1726	upset	ア [ʌpsét] アプセット	を動揺させる			
1727	deny	ア [dɪnáɪ] ディナイ	を否定する			
1728	blame	[bléɪm] ブれイム	を非難する			
1729	ignore	ア [ɪgnɔ́ːr] イグノーア	を無視する			
1730	reject	[rɪdʒékt] リヂェクト	(計画・提案など)を拒絶する			

感情を表す語

			意 味	1回目	2回目	3回目
1731	content	ア 形 動 [kəntént] コンテント	満足して			
1732	grateful	[gréɪtfəl] グレイトふる	感謝している			
1733	curious	発 [kjúəriəs] キュアリアス	好奇心が強い			
1734	anxious	発 [ǽŋkʃəs] あンクシャス	…を心配している			

身体・健康／学校に関する語

			意 味	1回目	2回目	3回目
1735	stomach	発 [stʌ́mək] スタマク	胃			
1736	sickness	[síknɪs] スィクネス	病気			
1737	illness	[ílnɪs] イるネス	病気			
1738	fever	[fíːvər] ふィーヴァ	(病気の)熱			
1739	cough	発 [kɔ́(ː)f] コ(ー)ふ	せき			
1740	principal	[prínsəpəl] プリンスィプる	校長			
1741	professor	[prəfésər] プロふェサ	教授			
1742	pupil	発 [pjúːpəl] ピュービる	生徒			
1743	instruction	[ɪnstrʌ́kʃən] インストラクション	《通常(複)で》指示			
1744	exercise	[éksərsàɪz] エクササイズ	運動			

Answers

1717 scared 　1718 scary 　1719 ashamed 　1720 miserable 　1721 guilty 　1722 violent 　1723 evil 　1724 disturb
1725 bothered 　1726 upset 　1727 denied 　1728 blamed 　1729 ignored 　1730 rejected 　1731 content 　1732 grateful
1733 curious 　1734 anxious 　1735 stomach 　1736 sickness 　1737 illness 　1738 fever 　1739 cough 　1740 principal

最初，私は本当に**おびえていた**。	At first, I was really _____ .
私は昨日**恐ろしい**映画を見た。	I watched a _____ movie yesterday.
私は自分の言ったことを**恥じて**いる。	I am _____ of my words.
寒い天気のせいで私は**みじめな**気分になる。	The cold weather makes me _____ .
彼はうそをついたことで**有罪**となった。	He was found _____ of lying.
激しい嵐が私たちの家を壊した。	The _____ storm damaged our house.
その王は**邪悪な**王子を殺害した。	The king killed the _____ prince.

彼女は勉強中だから，**邪魔をして**はいけない。	She's studying, so don't _____ her.
ひどい歯痛が彼**を悩ませた**。	A severe toothache _____ him.
その知らせは私たち全員**を動揺させた**。	The news _____ all of us.
彼はそのお金を盗んだこと**を否定した**。	He _____ stealing the money.
彼女はその間違いのことで私**を非難した**。	She _____ me for that error.
彼女は電話が鳴っているの**を無視した**。	She _____ the phone's ringing.
彼はその申し出**を拒絶した**。	He _____ the offer.

キャリーは自分の生活に**満足している**ように見える。	Carrie seems _____ with her life.
私はその助言に**感謝している**。	I am _____ for the advice.
彼はネコのように**好奇心が強い**。	He's as _____ as a cat.
私は自分の将来**を心配している**。	I am _____ about my future.

胃の調子が悪いです。	I feel sick to my _____ .
彼は**病気**で休んでいた。	He was absent because of _____ .
彼女は重い**病気**だ。	She has a serious _____ .
彼は高**熱**がある。	He has a high _____ .
彼女はひどい**せき**をしている。	She has a bad _____ .
彼は**学校長**と話をした。	He talked to the school _____ .
私は**教授**になりたい。	I want to be a _____ .
そのピアノ教師には 10 人の**生徒**がいる。	The piano teacher has ten _____ .
私たちはコーチの**指示**に従うべきだ。	We should follow the coach's _____ .
水泳はよい**運動**だ。	Swimming is good _____ .

1741 professor　1742 pupils　1743 instructions　1744 exercise

159

人に関する語

			意味	1回目	2回目	3回目
1745	citizen	㋐ [sítəzən] スィティズン	国民			
1746	foreigner	㋳ [fá(:)rənər] ふォ(ー)リナ	外国人			
1747	refugee	[rèfjudʒíː] レふュヂー	難民			
1748	expert	㋐ [ékspəːrt] エクスパ〜ト	専門家			
1749	assistant	[əsístənt] アスィスタント	助手			
1750	keeper	[kíːpər] キーパ	番人			
1751	teenager	[tíːnèidʒər] ティーネイヂャ	十代の人			

文学に関する語

			意味	1回目	2回目	3回目
1752	literature	㋐ [lítərətʃər] リタラチャ	文学(作品)			
1753	novel	[náːvəl] ナヴる	(長編)小説			
1754	passage	[pǽsidʒ] パぁスィヂ	(文章の)一節			
1755	series	[síəri(ː)z] スィアリ(ー)ズ	シリーズ			
1756	edition	[idíʃən] イディション	(刊行物などの)版			
1757	classical	[klǽsikəl] クらぁシクる	古典の			
1758	fantastic	[fæntǽstik] ふぁンタぁスティク	すばらしい			

目的・手段などに関する語

			意味	1回目	2回目	3回目
1759	attempt	[ətémpt] アテムプト	試み			
1760	affair	[əféər] アふェア	業務			
1761	request	㋐ [rikwést] リクウェスト	要請			
1762	appointment	㋐ [əpɔ́intmənt] アポイントメント	(人と会う)約束			
1763	method	[méθəd] メそッド	方法			
1764	means	[míːnz] ミーンズ	手段			
1765	manner	[mǽnər] マぁナ	やり方			

感情を含んだ動詞

			意味	1回目	2回目	3回目
1766	attract	[ətrǽkt] アトラぁクト	を引きつける			
1767	dislike	㋐ [disláik] ディスらイク	を嫌う			
1768	envy	[énvi] エンヴィ	をうらやむ			
1769	apologize	㋐ [əpáːlədʒàiz] アパろヂャイズ	あやまる			

-ever の形の語

			意味	1回目	2回目	3回目
1770	whoever	[hu(ː)évər] フ(ー)エヴァ	～する人はだれでも			
1771	whichever	[witʃévər] ウィッチエヴァ	～するものはどちらでも			
1772	whatever	[wʌtévər] ワッテヴァ	～するものは何でも			

1745 citizen　1746 foreigner　1747 refugees　1748 expert　1749 assistants　1750 keeper　1751 teenagers　1752 literature
1753 novel　1754 passage　1755 series　1756 edition　1757 classical　1758 fantastic　1759 attempt　1760 affairs

彼はアメリカ**国民**だ。	He is an American _____.
私は**外国人**に話しかけた。	I spoke to a _____.
多くの**難民**が私たちの国に入った。	Many _____ entered our country.
私はローマの歴史の**専門家**だ。	I'm an _____ in Roman history.
私たちは**助手**が数名必要だ。	We need some _____.
番人が扉を開けた。	The _____ opened the door.
このゲームは**十代の人**を対象に作られている。	This game is designed for _____.

彼女は大学で英**文学**を勉強した。	She studied English _____ in college.
私は**小説**を書き始めた。	I started to write a _____.
私たちは聖書の**一節**を研究した。	We studied a Bible _____.
私はその新しいテレビ**シリーズ**が大好きだ。	I love the new TV _____.
彼らは新しい**版**を出版した。	They published the new _____.
私の父は**古典**音楽が大好きだ。	My father loves _____ music.
昨日のロックコンサートは**すばらしかった**。	The rock concert yesterday was _____!

彼女の**試み**は成功した。	Her _____ was successful.
私は日々の**業務**で忙しい。	I'm busy with my daily _____.
彼は我々の**要請**を断った。	He refused our _____.
私は彼女と会う**約束**をしている。	I have an _____ with her.
私たちは新しい教授**法**を採用している。	We use a new teaching _____.
電子メールは1つのコミュニケーション**手段**である。	Email is a _____ of communication.
だれでも同じ**やり方**で扱いなさい。	Treat everyone in the same _____.

彼女は彼の声に**引きつけられた**。	She was _____ to his voice.
彼女は都会で暮らすこと**を嫌った**。	She _____ living in the city.
彼はヘラクレスの力**をうらやんだ**。	He _____ Hercules his strength.
君は彼に**あやまる**べきだ。	You should _____ to him.

だれでも好きな人を招待してください。	Please invite _____ you like.
好きなものは**どちらでも**取っていいですよ。	You can take _____ you like.
妹(姉)は私が好き**なものは何でも**好きだ。	My sister likes _____ I like.

1761 request   1762 appointment   1763 method   1764 means   1765 manner   1766 attracted   1767 disliked

1768 envied   1769 apologize   1770 whoever   1771 whichever   1772 whatever

DATE　　・　　・

程度・頻度・時を表す語

			意味	1回目	2回目	3回目
1773	seldom	[séldəm] セるダム	めったに～ない			
1774	scarcely	[skéərsli] スケアスり	ほとんど～ない			
1775	occasionally	[əkéɪʒənəli] オケイジョナり	ときおり			
1776	constant	(ア) [kɑ́:nstənt] カンスタント	一定の			
1777	current	(発) [kə́:rənt] カ～レント	今の			
1778	decade	(ア) [dékeɪd] デケイド	10年(間)			

物質

1779	material	(発)(ア) [mətíəriəl] マティアリアる	材料			
1780	metal	[métəl] メトる	金属			
1781	iron	(発) [áɪərən] アイアン	鉄			
1782	coal	(発) [kóʊl] コウる	石炭			
1783	plate	[pléɪt] プれイト	(金属・ガラスなどの)板			
1784	resource	[rí:sɔ̀:rs] リーソース	《通常(複)で》資源			
1785	steel	[stí:l] スティーる	鋼鉄			
1786	oxygen	(発) [ɑ́:ksɪdʒən] アクスィヂェン	酸素			

宗教・精神に関する語

1787	religion	(ア) [rɪlídʒən] りりヂョン	宗教			
1788	soul	(発) [sóʊl] ソウる	魂			
1789	miracle	[mírəkəl] ミラクる	奇跡			
1790	shrine	[ʃráɪn] シュライン	神社			
1791	temple	[témpəl] テムプる	寺			

要求する・働きかける

1792	demand	(ア) [dɪmǽnd] ディマぁンド	(命令的に・権利として)を要求する			
1793	claim	[kléɪm] クれイム	(当然の権利として)を要求する			
1794	desire	[dɪzáɪər] ディザイア	を(強く)望む			
1795	seek	[sí:k] スィーク	(を)捜す			
1796	persuade	(ア) [pərswéɪd] パスウェイド	を説得する			
1797	inspire	[ɪnspáɪər] インスパイア	を奮起させる			

語根 pose（置く）で覚える語

1798	oppose	[əpóʊz] オポウズ	に反対する			
1799	suppose	[səpóʊz] サポウズ	と思う			
1800	propose	[prəpóʊz] プロポウズ	を提案する			

Answers

1773 seldom　1774 scarcely　1775 occasionally　1776 constant　1777 current
1778 decade　1779 materials　1780 metal　1781 Iron　1782 coal　1783 plate

彼女は**めったに**肉を食べ**ない**。	She ＿＿＿＿＿ eats meat.
その都市は**ほとんど変わっていなかった**。	The city had ＿＿＿＿＿ changed.
今でも**ときおり**彼に会います。	I still see him ＿＿＿＿＿.
彼は**一定の**速度で運転した。	He drove at a ＿＿＿＿＿ speed.
今のファッションは奇妙に見える。	The ＿＿＿＿＿ fashions look strange.
彼女は **10 年**の間そこに住んでいた。	She lived there for a ＿＿＿＿＿.

彼は自然の**材料**を使うのを好む。	He prefers to use natural ＿＿＿＿＿.
その門は**金属**製だ。	The gate is made of ＿＿＿＿＿.
鉄は磁石に引き寄せられる。	＿＿＿＿＿ is attracted to a magnet.
火に**石炭**を少しくべてください。	Put some ＿＿＿＿＿ on the fire.
その**鉄板**は調理用です。	The iron ＿＿＿＿＿ is for cooking.
カナダにはたくさんの天然**資源**がある。	Canada has many natural ＿＿＿＿＿.
ここのおもな産業は**鉄鋼**です。	The main industry here is ＿＿＿＿＿.
植物は我々に**酸素**を与えてくれる。	Plants give us ＿＿＿＿＿.

人に**宗教**を尋ねてはいけない。	Don't ask people their ＿＿＿＿＿.
私たちは彼らの**魂**のために祈った。	We prayed for their ＿＿＿＿＿.
あなたは**奇跡**を信じますか。	Do you believe in ＿＿＿＿＿?
私は 1 月にその**神社**を訪れた。	I visited the ＿＿＿＿＿ in January.
私たちはいくつかの古い**寺**を訪ねた。	We visited several old ＿＿＿＿＿.

彼女は説明**を要求した**。	She ＿＿＿＿＿ an explanation.
そのお客は返金**を要求した**。	The customer ＿＿＿＿＿ a refund.
彼はシドニーで働くこと**を望んでいる**。	He ＿＿＿＿＿ to work in Sydney.
私の息子**を捜し**出してください。	Please ＿＿＿＿＿ my son out.
彼女**を説得して**我々を訪ねてもらった。	We ＿＿＿＿＿ her to visit us.
彼のスピーチは彼の支持者**を奮起させた**。	His speech ＿＿＿＿＿ his followers.

彼らは私たちの計画**に反対した**。	They ＿＿＿＿＿ our plan.
私はあなたが正しい**と思う**。	I ＿＿＿＿＿ you're right.
彼女は映画を作ること**を提案した**。	She ＿＿＿＿＿ making a movie.

1784 resources　1785 steel　1786 oxygen　1787 religion　1788 souls　1789 miracles　1790 shrine　1791 temples
1792 demanded　1793 claimed　1794 desires　1795 seek　1796 persuaded　1797 inspired　1798 opposed　1799 suppose
1800 proposed

減少／遅延に関する動詞

			意　味	1回目	2回目	3回目
1801	decrease	発 ア [dìːkríːs] ディクリース	減る			
1802	remove	ア [rɪmúːv] リムーヴ	を取り除く			
1803	delay	ア [dɪléɪ] ディれイ	を遅らせる			
1804	restrict	ア [rɪstríkt] リストリクト	を制限する			

発生／終局に関する動詞

1805	occur	発 ア [əkə́ːr] オカ〜	(予期せず)起こる			
1806	emerge	[ɪmə́ːrdʒ] イマ〜ヂ	現れる			
1807	involve	[ɪnvάːlv] インヴァるヴ	(事件などに)を巻き込む			
1808	achieve	[ətʃíːv] アチーヴ	を達成する			
1809	settle	[sétəl] セトる	定住する			
1810	replace	[rɪpléɪs] リプれイス	に取って代わる			
1811	retire	[rɪtáɪər] リタイア	引退する			

申し込む／取り消す

1812	apply	[əpláɪ] アプらイ	申し込む			
1813	reserve	[rɪzə́ːrv] リザ〜ヴ	を予約する			
1814	cancel	[kǽnsəl] キャンスる	を取り消す			

方向・位置などを表す語

1815	direct	[dərékt] ディレクト	まっすぐな			
1816	distant	[dístənt] ディスタント	遠い			
1817	opposite	発 [άːpəzɪt] アポズィト ア [άːpəsɪt] アポスィト	反対のもの			
1818	upper	[ʌ́pər] アパ	上部の			

生命・福祉に関する語

1819	vital	[váɪtəl] ヴァイトる	不可欠な			
1820	cell	[sél] セる	細胞			
1821	gene	発 [dʒíːn] ヂーン	遺伝子			
1822	donor	[dóunər] ドウナ	ドナー			
1823	species	[spíːʃiːz] スピーシーズ	(生物の)種			
1824	seed	[síːd] スィード	(植物の)種			
1825	grave	[gréɪv] グレイヴ	墓			
1826	welfare	ア [wélfèər] ウェるふェア	福祉			
1827	wheelchair	[wíːltʃèər] ウィーるチェア	車いす			
1828	volunteer	ア [vὰːləntíər] ヴァらンティア	ボランティア			

nswers

1801 decreased　1802 remove　1803 delayed　1804 restricted　1805 occurred　1806 emerged　1807 involved　1808 achieved
1809 settle　1810 replaced　1811 retired　1812 applied　1813 reserve　1814 canceled　1815 direct　1816 distant

書店の数が**減ってきている**。	The number of bookstores has _____ .
この染み**を取り除く**のは難しい。	It's hard to _____ this stain.
私たちの列車は**遅れて**いた。	Our train was _____ .
彼らは私たちが外出するの**を制限した**。	They _____ us from going out.

その交差点で事故が**起こった**。	An accident _____ at the intersection.
1 つの都市が砂漠の中に**現れた**。	A city _____ in the desert.
ジョンは事故に**巻き込まれた**。	John was _____ in an accident.
彼はついに目標**を達成した**。	He finally _____ his goal.
彼らはボストンに**定住する**ことに決めた。	They decided to _____ in Boston.
スマートフォンがコンピュータ**に取って代わっている**。	Smartphones have _____ computers.
私の祖父は去年**引退した**。	My grandfather _____ last year.

アンナは仕事**を申し込んだ**。	Anna _____ for a job.
テーブル**を予約**したいのですが。	I'd like to _____ a table.
我々のフライトが**取り消さ**れた。	Our flight was _____ .

私たちは家へ**まっすぐ**帰る道をとった。	We took a _____ route home.
私にはヨーロッパに**遠い**親せきがいる。	I have _____ relatives in Europe.
「貧しい」の**反対**は何ですか。	What is the _____ of "poor"?
彼女は**上の**階に住んでいる。	She lives on the _____ floor.

運動はよい健康状態のためには**不可欠**だ。	Exercise is _____ for good health.
私たちは人体の**細胞**について学んだ。	We learned about the body's _____ .
我々の**遺伝子**は両親から受け継いだものである。	Our _____ come from our parents.
彼は血液の**ドナー**になった。	He became a blood _____ .
地球には数多くの**生物種**がいる。	There are many _____ on earth.
農家の人たちは種をまいた。	The farmers planted _____ .
私たちは祖父母の**墓**を訪れた。	We visited our grandparents' _____ .
それは国民の**福祉**のためである。	It is for the people's _____ .
私は**車いす**で動き回った。	I moved around in a _____ .
彼らは何人かの**ボランティア**を求めている。	They are looking for some _____ .

1817 opposite　　1818 upper　　1819 vital　　1820 cells　　1821 genes　　1822 donor　　1823 species　　1824 seeds

1825 grave　　1826 welfare　　1827 wheelchair　　1828 volunteers

165

産業・経済に関する語

			意　味	1回目	2回目	3回目
1829	product	㋐ [prάːdəkt] プ**ラ**ダクト	製品			
1830	customer	[kʌ́stəmər] **カ**スタマ	(商店などの)客			
1831	consumer	[kəns(j)úːmər] コン**シュ**[**ス**]ーマ	消費者			
1832	manufacture	㋐ [mæ̀njəfǽktʃər] マぁニュ**ふぁ**クチャ	を製造する			
1833	import	㋐ 動 [ɪmpɔ́ːrt] イム**ポート** 名 [ímpɔ̀ːrt] **イ**ムポート	を輸入する			
1834	export	㋐ 動 [ɪkspɔ́ːrt] イクス**ポート** 名 [ékspɔ̀ːrt] **エ**クスポート	を輸出する			
1835	advertise	㋰ [ǽdvərtàɪz] **あ**ドヴァタイズ	(を)宣伝する			
1836	promote	[prəmóʊt] プロ**モウ**ト	を促進する			
1837	deal	[díːl] **ディー**る	…を扱う			
1838	available	㋐ [əvéɪləbəl] ア**ヴェ**イらブる	《deal with … で》利用できる			
1839	commercial	[kəmə́ːrʃəl] コ**マ**〜シャる	商業の			
1840	fair	[féər] **ふぇ**ア	見本市			
1841	lecture	[léktʃər] **れ**クチャ	講義			
1842	client	[klάɪənt] ク**ら**イエント	(弁護士などの)依頼人			

生活に関する動詞

			意　味	1回目	2回目	3回目
1843	lock	[lάːk] **ら**ック	にかぎをかける			
1844	attach	[ətǽtʃ] ア**タ**ぁチ	を取り付ける			
1845	fasten	㋰ [fǽsən] **ふぁ**スン	を固定する			
1846	knit	[nít] **ニ**ット	を編む			
1847	polish	[pάːlɪʃ] **パ**リッシュ	を磨く			
1848	surround	㋰ ㋐ [səráʊnd] サ**ラウ**ンド	を囲む			
1849	bow	㋰ [báʊ] **バウ**	おじぎをする			
1850	vote	[vóʊt] **ヴォウ**ト	投票する			
1851	hike	[hάɪk] **ハ**イク	ハイキングをする			

仕事に関する語

			意　味	1回目	2回目	3回目
1852	occupation	[ὰːkjəpéɪʃən] アキュ**ペ**イション	職業			
1853	career	㋐ [kəríər] カ**リ**ア	経歴			
1854	labor	[léɪbər] **れ**イバ	労働			
1855	employ	㋐ [ɪmplɔ́ɪ] イムプ**ろ**イ	を雇う			
1856	wage	[wéɪdʒ] **ウェ**イヂ	賃金			

Answers

1829 product　　1830 customers　　1831 consumers　　1832 manufactured　　1833 imported　　1834 exported
1835 advertised　　1836 promote　　1837 deal　　1838 available　　1839 commercial　　1840 fair　　1841 lecture

これはとてもよい**製品**だ。	This is a very good _____.
今日は**客**が多い。	We have many _____ today.
私たちは**消費者**のことを考えるべきだ。	We should think of the _____.
その車は日本で**製造されている**。	The car is _____ in Japan.
そのチーズはフランスから**輸入された**。	The cheese was _____ from France.
多くの自動車がアメリカに**輸出される**。	Many cars are _____ to America.
彼らの自動車はテレビで**宣伝されている**。	Their car is _____ on TV.
彼は世界平和**を促進する**ために働いた。	He worked to _____ world peace.
私たちはどう彼を**扱う**べきだろうか。	How should we _____ with him?
そのゲームは誰でも**利用できる**。	The games are _____ to everyone.
彼女は在学中に**商業美術**を学んだ。	She studied _____ art in school.
彼女はその国際**見本市**に出席した。	She attended the international trade _____.
その歴史の**講義**はおもしろかった。	The history _____ was interesting.
私は３時に**依頼人**と会うことになっている。	I'm seeing a _____ at 3:00.

ドア**にかぎをかける**のを忘れるな。	Don't forget to _____ the door.
彼女はそこにピン**を取り付けた**。	She _____ the pin there.
テント**を**地面に**固定しなさい**。	_____ the tent to the ground.
彼女はセーターを**編んでいる**。	She is _____ a sweater.
彼は車**を磨いて**いた。	He was _____ his car.
高いフェンスが建物**を囲んでいる**。	A high fence _____ the building.
ダンサーたちは舞台で**おじぎをした**。	The dancers _____ on the stage.
あなたはだれに**投票**しましたか。	Who did you _____ for?
私たちは山で**ハイキングをした**。	We _____ in the mountains.

あなたの**職業**は何ですか。	What's your _____?
その歌手には長い**経歴**があった。	The singer had a long _____.
あなたの**労働**に対して報酬が支払われるでしょう。	You'll be paid for your _____.
その工場は2,000人以上の人**を雇っている**。	The factory _____ over 2,000 people.
彼女は十分な**賃金**を稼いでいる。	She earns a good _____.

1842 client　1843 lock　1844 attached　1845 Fasten　1846 knitting　1847 polishing　1848 surrounds　1849 bowed
1850 vote　1851 hiked　1852 occupation　1853 career　1854 labor　1855 employs　1856 wage

自然に関する語

			意　味	1回目	2回目	3回目
1857	climate	発 [kláɪmət] クらイメット	気候			
1858	fog	[fáːg, fɔ́ːg] ふァ(ふォ)グ	霧			
1859	shower	[ʃáuər] シャウア	にわか雨			
1860	flood	発 [flʌ́d] ふらッド	洪水			
1861	volcano	ア [vɑːlkéɪnou] ヴォるケイノウ	火山			
1862	disaster	発 ア [dɪzǽstər] ディザぁスタ	災害			
1863	telescope	[téləskòup] テれスコウプ	望遠鏡			

よい概念を表す語

			意　味	1回目	2回目	3回目
1864	advantage	ア [ədvǽntɪdʒ] アドヴぁンティヂ	利点			
1865	permission	[pərmíʃən] パミッション	許可			
1866	wealth	発 [wélθ] ウェるす	富			
1867	treasure	発 [tréʒər] トレヂャ	宝物			
1868	pride	[práɪd] プライド	誇り			
1869	honor	[ɑ́ːnər] アナ	名誉			
1870	award	[əwɔ́ːrd] アウォード	賞			

金銭・会計に関する語

			意　味	1回目	2回目	3回目
1871	reward	[rɪwɔ́ːrd] リウォード	ほうび			
1872	cash	[kǽʃ] キぁシュ	現金			
1873	fare	[féər] ふェア	運賃			
1874	tax	[tǽks] タぁクス	税金			
1875	bill	[bíl] ビる	請求書			
1876	account	発 [əkáunt] アカウント	勘定(書)			
1877	sum	[sʌ́m] サム	《the ～で》合計			
1878	income	ア [ínkʌm] インカム	収入			
1879	profit	ア [prɑ́ːfət] プラふィト	利益			
1880	loan	[lóun] ろウン	貸し付け			
1881	charge	[tʃɑ́ːrdʒ] チャーヂ	を請求する			
1882	owe	発 [óu] オウ	(金)を借りている			
1883	afford	ア [əfɔ́ːrd] アふォード	《can afford(to do)で》(…する)余裕がある			
1884	due	発 [d(j)úː] デュ[ドゥ]ー	(当然)払われるべき			

Answers

1857 climate　1858 Fog　1859 shower　1860 flood　1861 volcano　1862 disaster　1863 telescope
1864 advantage　1865 permission　1866 wealth　1867 treasure　1868 pride　1869 honor　1870 award
1871 reward　1872 cash　1873 fare　1874 tax　1875 bill　1876 account　1877 sum　1878 income
1879 profits　1880 loan　1881 charged　1882 owe　1883 afford　1884 due

ロサンゼルスは暖かい**気候**だ。	Los Angeles has a warm ＿＿＿＿＿＿＿.
霧が川の方からたちこめた。	＿＿＿＿＿＿＿ came in from the river.
私は**にわか雨**にあった。	I was caught in a ＿＿＿＿＿＿＿.
大雨が**洪水**を引き起こした。	The heavy rain caused the ＿＿＿＿＿＿＿.
富士山は**火山**である。	Mount Fuji is a ＿＿＿＿＿＿＿.
災害は何千もの人々に影響を与えた。	The ＿＿＿＿＿＿＿ affected thousands of people.
望遠鏡で木星を見てごらん。	Look at Jupiter through the ＿＿＿＿＿＿＿.

その選手の**利点**は速さだ。	The player's ＿＿＿＿＿＿＿ is his speed.
私たちは入場するための公式の**許可**をもっている。	We have official ＿＿＿＿＿＿＿ to enter.
その国の**富**は石油によってもたらされている。	The country's ＿＿＿＿＿＿＿ comes from oil.
彼は**宝**がどこにあるのかを知っていた。	He knew where the ＿＿＿＿＿＿＿ was.
私は自分の仕事を**誇り**にしている。	I take ＿＿＿＿＿＿＿ in my work.
あなたにお会いできて**光栄**です。	It's an ＿＿＿＿＿＿＿ to meet you.
彼女は学校で**賞**を獲得した。	She won an ＿＿＿＿＿＿＿ at school.

彼は**ほうび**を受け取った。	He received a ＿＿＿＿＿＿＿.
彼は**現金**で 150 ドル持っていた。	He had 150 dollars in ＿＿＿＿＿＿＿.
運賃はいくらですか。	How much is the ＿＿＿＿＿＿＿?
その価格は**税金**を含んでいますか。	Does the price include ＿＿＿＿＿＿＿?
請求書を送ります。	I'll send you the ＿＿＿＿＿＿＿.
すぐに私に**勘定書**を送ってください。	Send me the ＿＿＿＿＿＿＿ immediately.
これらの数字の**合計**はどれくらいになりますか。	What's the ＿＿＿＿＿＿＿ of these numbers?
彼らの**収入**はネットでの売り上げからのものだ。	Their ＿＿＿＿＿＿＿ is from internet sales.
会社の**利益**は低かった。	The company's ＿＿＿＿＿＿＿ were low.
私は**貸し付け**を申し込んだ。	I applied for a ＿＿＿＿＿＿＿.
そのホテルは 125 ドル**を請求した**。	The hotel ＿＿＿＿＿＿＿ 125 dollars.
私は彼女に 3,000 円**借りている**。	I ＿＿＿＿＿＿＿ her 3,000 yen.
私にはもう 1 台車を買う**余裕**はない。	I can't ＿＿＿＿＿＿＿ another car.
この請求書は来月**支払われるべき**である。	This bill is ＿＿＿＿＿＿＿ next month.

DATE　　　・　　　・

戦争・戦いなどに関する語

			意　味	1回目	2回目	3回目
1885	challenge	[ア] [tʃǽlɪndʒ] チぁりンヂ	に挑戦する			
1886	warn	[発] [wɔ́ːrn] ウォーン	(に)警告する			
1887	rush	[rʌ́ʃ] ラシュ	突進する			
1888	strike	[stráɪk] ストライク	(を)打つ			
1889	struggle	[strʌ́gəl] ストラグる	もがく			
1890	conflict	[kɑ́ːnflɪkt] カンふりクト	紛争			
1891	nuclear	[n(j)úːkliər] ニュ[ヌ]ークリア	原子力の			
1892	emergency	[ɪmə́ːrdʒənsi] イマ〜ヂェンスィ	緊急時			

現代社会に関する語

			意　味	1回目	2回目	3回目
1893	network	[ア] [nétwəːrk] ネットワ〜ク	ネットワーク			
1894	digital	[dídʒətəl] ディヂィトる	デジタル(方式)の			
1895	device	[dɪváɪs] ディヴァイス	機器			
1896	ecology	[ɪkɑ́ːlədʒi] イカろヂ	生態(学)			
1897	alternative	[ɔːltə́ːrnətɪv] オーるタ〜ナティヴ	代替の			
1898	gender	[dʒéndər] ヂェンダ	(社会的・文化的役割としての)性(別)			

旅行・観光に関する語

			意　味	1回目	2回目	3回目
1899	destination	[dèstənéɪʃən] デスティネイション	目的地			
1900	via	[váɪə, víə] ヴァイア, ヴィア	…経由で			
1901	portable	[pɔ́ːrtəbəl] ポータブる	持ち運び可能な			
1902	convey	[ア] [kənvéɪ] コンヴェイ	を輸送する			
1903	priority	[praɪɔ́ːrɪti] プライオーリティ	優先(権)			
1904	lane	[léɪn] れイン	車線			
1905	crew	[krúː] クルー	《集合的に》乗組員			
1906	declare	[dɪkléər] ディクれア	を申告する			
1907	wander	[発] [wɑ́ːndər] ワンダ	歩き回る			
1908	hop	[hɑ́ːp] ハップ	跳び回る			
1909	encounter	[ɪnkáuntər] インカウンタ	(思いがけず)と出会う			
1910	historical	[hɪstɔ́(ː)rɪkəl] ヒスト(ー)リクる	歴史に関する			
1911	heritage	[hérətɪdʒ] へリティヂ	遺産			
1912	legend	[ア] [lédʒənd] れヂェンド	伝説			

Answers

1885 challenged　1886 warned　1887 rushed　1888 Strike　1889 struggled　1890 conflict　1891 nuclear
1892 emergency　1893 network　1894 digital　1895 devices　1896 ecology　1897 alternative　1898 gender
1899 destination　1900 via　1901 portable　1902 convey　1903 priority　1904 lane　1905 crew　1906 declare
1907 wandered　1908 hopping　1909 encountered　1910 historical　1911 heritage　1912 legends

彼はそれを証明しろと私に**挑戦してきた**。	He ＿＿＿＿＿ me to prove it.
私はあなた**に**それは危険だと**警告しました**。	I ＿＿＿＿＿ you that it's dangerous.
人々はそのパレードを見ようとして**突進した**。	People ＿＿＿＿＿ to see the parade.
鉄は熱いうちに**打て**。	＿＿＿＿＿ while the iron is hot.
そのどろぼうは逃げようとして**もがいた**。	The thief ＿＿＿＿＿ to escape.
その両国は**紛争**に突入した。	The two countries entered the ＿＿＿＿＿.
その国は**原子力**発電を利用している。	That country uses ＿＿＿＿＿ power.
緊急時の場合，呼んでください。	Call in case of an ＿＿＿＿＿.
それらはみな**ネットワーク**の一部だ。	They're all part of a ＿＿＿＿＿.
私は新しい**デジタル**カメラがほしい。	I want a new ＿＿＿＿＿ camera.
すべての電子**機器**の電源を切りなさい。	Turn off all electronic ＿＿＿＿＿.
彼女は大学で**生態学**を勉強した。	She studied ＿＿＿＿＿ in college.
我々には**代替**エネルギー源がある。	We have ＿＿＿＿＿ energy sources.
彼らは授業で**性別**について話した。	They talked about ＿＿＿＿＿ in class.
サンフランシスコが我々の最終**目的地**だ。	San Francisco is our final ＿＿＿＿＿.
彼女はフランクフルト**経由**でロンドンに飛んだ。	She flew to London ＿＿＿＿＿ Frankfurt.
おみこしは**持ち運び可能な**神社である。	A mikoshi is a ＿＿＿＿＿ shrine.
バスが乗客**を**空港へと**運ぶ**。	Buses ＿＿＿＿＿ passengers to the airport.
きちんとした食事をすることが**優先事項**だ。	Eating good food is a ＿＿＿＿＿.
彼は低速**車線**で運転した。	He drove in the slow ＿＿＿＿＿.
彼女は**乗組員**の1人だった。	She was a ＿＿＿＿＿ member.
何か**申告**すべきものを持っていますか。	Do you have anything to ＿＿＿＿＿?
私たちはショッピングモールの中を**歩き回った**。	We ＿＿＿＿＿ in the shopping mall.
子どもたちは**跳び回って**いた。	The children were ＿＿＿＿＿.
私は旅行中におもしろい人たち**と出会った**。	I ＿＿＿＿＿ interesting people while traveling.
これは**歴史的な**建物だ。	This is a ＿＿＿＿＿ building.
言語は我々の**遺産**だ。	Language is our ＿＿＿＿＿.
ハワイには数多くの**伝説**がある。	There are many ＿＿＿＿＿ in Hawaii.

身につけておきたい熟語⑮ out / at / in を含む熟語

	意味	1回目	2回目
1913 out of date	時代遅れの		
1914 out of order	故障して		
1915 at work	仕事中で		
1916 at a loss	途方にくれて		
1917 in a hurry	急いで		
1918 in public	人前で		
1919 in common (with ...)	(…と)共通に		
1920 in contrast (to ...)	(…と)対照的に		
1921 in place of ...	…の代わりに		
1922 in turn	順番に		

不定詞を含む熟語

	意味	1回目	2回目
1923 happen to do	たまたま〜する		
1924 to tell (you) the truth	実を言うと		
1925 so to speak	いわば		
1926 needless to say	言うまでもなく		

身につけておきたい熟語⑯ 判断・意図・限定などを表す熟語

	意味	1回目	2回目
1927 at (the) least	少なくとも		
1928 more or less	多かれ少なかれ		
1929 as a (general) rule	一般に		
1930 after all	(通常は文末で)結局		
1931 in other words	言い換えれば		
1932 on the other hand	他方では		
1933 as a matter of fact	実のところ		
1934 in a way	ある意味・点では		
1935 in one's opinion	…の意見では		
1936 by oneself	ひとりで		
1937 for oneself	(自分のためになるよう)独力で		
1938 on one's own	ひとりで		
1939 on purpose	わざと		
1940 on earth	《疑問詞のあとで》いったい全体		

A nswers

1913 out of date　1914 out of order　1915 at work　1916 at a loss　1917 in a hurry　1918 in public
1919 in common with　1920 in contrast　1921 in place of　1922 in turn　1923 happened to　1924 To tell the truth

172

私のコンピュータは**時代遅れ**だ。	My computer is _____ _____ _____.
このエレベーターは**故障している**。	This elevator is _____ _____.
彼女は今，**仕事中**だ。	She is _____ now.
私は何と言えばいいのか**途方にくれている**。	I'm _____ for words.
すみませんが，**急いでいます**。	Sorry, I'm _____.
彼は**人前**で話をするのが得意だ。	He's good at speaking _____.
私は彼女**と共通**点が何もない。	I have nothing _____ her.
対照的に，彼はとても活動的だ。	He is, _____, very active.
砂糖**の代わりには**ちみつを使いなさい。	Use honey _____ sugar.
それぞれの生徒が**順番に**発言した。	Each student talked _____.

私は**たまたま**ジムに会**った**。	I _____ see Jim.
実を言うと，それは無理なんだ。	_____, it's impossible.
それは，**いわば** 1 つの謎だ。	It is, _____, a mystery.
言うまでもなく，あなたは正しい。	_____, you're right.

私は**少なくとも** 2 回は京都を訪れたことがある。	I've visited Kyoto _____ twice.
彼らは**多かれ少なかれ**驚いた。	They were _____ surprised.
一般に，8 月が一番暑い。	_____, it is hottest in August.
彼らは**結局**，それを見つけられなかった。	They couldn't find it _____.
言い換えれば，それが最善だ。	_____, it's the best.
パリは美しい。**他方では**，物価が高い。	Paris is beautiful. _____, it's expensive.
実のところ，私は退屈している。	_____, I'm bored.
ある意味では，それは本当です。	_____, it is true.
私の意見では，君は行くべきでない。	_____, you shouldn't go.
私は**ひとりで**それができます。	I can do it _____.
自分で行って見てごらん。	Go and see _____.
彼は**ひとりで**働くことが好きだ。	He likes working _____.
私は**わざと**遅く来た。	I came late _____.
いったい全体どこにいたの。	Where _____ were you?

1925 so to speak　1926 Needless to say　1927 at least　1928 more or less　1929 As a rule
1930 after all　1931 In other words　1932 On the other hand　1933 As a matter of fact　1934 In a way
1935 In my opinion　1936 by myself　1937 for yourself　1938 on his own　1939 on purpose　1940 on earth

身につけておきたい熟語⑰ 動名詞を含む熟語

	意　味	1回目	2回目
1941 look forward to -ing	…するのを楽しみに待つ		
1942 feel like -ing	…したい気分だ		
1943 cannot help -ing	…せずにはいられない		

論理を表す群前置詞

	意　味	1回目	2回目
1944 because of ...	…のために		
1945 thanks to ...	…のおかげで		
1946 due to ...	…のために		
1947 according to ...	…によると		
1948 in[with] relation to ...	…に関して		
1949 in addition to ...	…に加えて		
1950 instead of ...	…の代わりに		
1951 in spite of ...	…にもかかわらず		
1952 except for ...	…を除いては		
1953 but for ...	《仮定法のみで用いて》もし…がなければ		
1954 along with ...	…といっしょに		

身につけておきたい熟語⑱ 期間を表す熟語

	意　味	1回目	2回目
1955 for a moment	ちょっとのあいだ		
1956 for a while	しばらくのあいだ		
1957 for a long time	長いあいだ		
1958 all day (long)	一日中		
1959 all the way	(途中)ずっと		
1960 as soon as ...	…するとすぐに		

接続詞句

	意　味	1回目	2回目
1961 as far as ...	《範囲・程度》…する限り(では)		
1962 as long as ...	《時間》…しているあいだは		
1963 by the time ...	…する時までに		
1964 as if[though] ...	まるで…であるかのように		
1965 even if ...	たとえ…でも		
1966 in case ...	…の場合は《米》		
1967 so that ... may[can, will] ～	…が～する[できる]ように		
1968 not only A but (also) B	AだけでなくBも		

nswers　1941 looking forward to　1942 feel like　1943 could not help　1944 because of　1945 Thanks to　1946 due to　1947 According to　1948 in[with] relation to　1949 in addition to　1950 instead of

あなたにお会い**するのを楽しみにしています**。	I'm _____ seeing you.
私は家にい**たい気分だ**。	I _____ staying at home.
私たちは笑わ**ずにはいられなかった**。	We _____ laughing.

私たちは雨**のために**家にとどまった。	We stayed home _____ the rain.
あなた**のおかげで**，私は試験に合格しました。	_____ you, I passed the test.
交通渋滞**のために**彼らは遅れた。	They were late _____ traffic.
彼女**によると**，彼らは結婚した。	_____ her, they got married.
彼らは天気**に関する**仕事をしている。	They work _____ the weather.
私はバター**に加えて**ジャムも使う。	I use jam _____ butter.
私が君**の代わりに**そこに行くよ。	I'll go there _____ you.
私たちは寒さ**にもかかわらず**泳ぎにいった。	We went swimming _____ the cold.
私はシーフードが好きだ，エビ**を除いては**。	I like seafood, _____ shrimp.
彼**がいなければ**，我々は失敗するだろう。	_____ him, we would fail.
リンゴ**といっしょに**，彼女はイチゴも買った。	_____ apples, she bought strawberries.

彼女は**ちょっとのあいだ**待った。	She waited _____ .
あなたは**しばらくのあいだ**休むべきだ。	You should rest _____ .
彼は**長いあいだ**話をした。	He talked _____ .
私は**一日中**働きどおしだ。	I've been working _____ .
彼女はここまで**ずっと**運転してきた。	She drove _____ here.
彼は彼女が入ってくる**とすぐに**ほほ笑んだ。	He smiled _____ she entered.

私が知る**限り**，彼は結婚していない。	_____ I know, he is not married.
好きな**だけずっと**滞在していいですよ。	You can stay _____ you like.
彼女が来る**までに**きちんとした服に着替えなさい。	Get dressed _____ she comes.
彼は**まるで**たった今目覚めた**かのように**見える。	He looks _____ he just woke up.
たとえ雨が降っ**ても**私たちは行く。	We'll go _____ it rains.
私が忘れてしまった**場合は**思い出させてください。	Please remind me _____ I should forget.
ネコが入れる**ように**窓を開けてください。	Open the window _____ our cat enter.
マイク**だけでなく**アン**も**来た。	_____ Mike _____ Ann came.

1951 in spite of	1952 except for	1953 But for	1954 Along with	1955 for a moment	1956 for a while
1957 for a long time	1958 all day long	1959 all the way	1960 as soon as	1961 As far as	1962 as long as
1963 by the time	1964 as if[though]	1965 even if	1966 in case	1967 so that / can	1968 Not only / but

英検模擬テスト

次の(1)から(20)までの(　　　)に入れるのにもっとも適切なものをそれぞれ①～④から一つずつ選んで番号に丸をつけましょう。

(1) He lives in the (　　) and goes to work in the city.
　　① state　　　② suburbs　　③ subway　　④ structure

(2) The French woman likes Japan so much that she wants to live here (　　).
　　① quickly　　② suddenly　　③ immediately　④ permanently

(3) The two animals look very alike, and the difference is very (　　).
　　① slight　　　② many　　　③ big　　　④ short

(4) They had to leave their country and became (　　) because of the war.
　　① strangers　　② travelers　　③ refugees　　④ clients

(5) They invented a new (　　) for manufacturing computers.
　　① citizen　　② process　　③ experiment　④ heritage

(6) She has a large (　　) and is very wealthy.
　　① payment　　② amount　　③ sale　　　④ income

(7) This isn't a problem of just one country.　It is a (　　) one.
　　① global　　　② local　　　③ personal　　④ whole

(8) The waiter (　　) the plates from the table after the guests had left.
　　① put　　　② destroyed　　③ removed　　④ placed

(9) I understand the (　　), but it's very difficult to put it into practice.
　　① reason　　② excuse　　③ complaint　④ theory

(10) It's easy to move around in this city because we have good public (　　).
　　① communication　　　② transportation
　　③ organization　　　　④ occupation

(11) I think I'll get this dictionary because it's (   ) to the other one.
① good   ② better   ③ superior   ④ senior

(12) Could you (   ) me of the date of your arrival here?
① inform   ② tell   ③ convey   ④ express

(13) I don't know the program because I (   ) watch TV.
① sometimes   ② often   ③ seldom   ④ partly

(14) You shouldn't (   ) your job for granted. You are lucky to have one.
① put   ② take   ③ let   ④ get

(15) (   ) to his advice, my project was a great success.
① According   ② Needless   ③ Thanks   ④ Enough

(16) I couldn't help (   ) about his bad manners.
① complain   ② complaining   ③ to complain   ④ for complaining

(17) He was heard (   ) the story of his life on the radio.
① describe   ② described   ③ for describing   ④ to describe

(18) Mary works three days (   ) week.
① per   ② in   ③ on   ④ at

(19) He told me (   ) the button.
① pressed   ② pressing   ③ to press   ④ on pressing

(20) Ron and Ted are good workers, but Ron is (   ) of the two.
① more efficient   ② the more efficient
③ most efficient   ④ the most efficient

答えは次のページ ▶▶

英検模擬テスト[解答]

(1)　② suburbs

(2)　④ permanently

(3)　① slight

(4)　③ refugees

(5)　② process

(6)　④ income

(7)　① global

(8)　③ removed

(9)　④ theory

(10)　② transportation

(11)　③ superior

(12)　① inform

(13)　③ seldom

(14)　② take

(15)　③ Thanks

(16)　② complaining

(17)　④ to describe

(18)　① per

(19)　③ to press

(20)　② the more efficient

巻末付録 共通テスト対策〈リーディング〉

チェックボックスの左側は音声チェック欄，右側は音読チェック欄として使おう

音声はここから▶
pp.179〜180

	英　語		意　味
1	code	[kóud] コウド	名
2	utility	[ju:tíləti] ユーティリティ	名
3	remote	[rɪmóut] リモウト	形
4	facility	[fəsíləti] ふァシリティ	名
5	satellite	[sǽtəlàit] サぁトライト	名
6	element	[éləmənt] エれメント	名
7	assume	[əs(j)ú:m] アス(ュ)ーム	動
8	forecast	[fɔ́:rkæst] ふォーキぁスト	名
9	psychology	[saɪká:lədʒi] サイカーれヂ	名
10	breakthrough	[bréɪkθrù:] ブレイクすルー	名
11	pioneer	[pàɪəníər] パイアニア	名
12	innovation	[ìnəvéɪʃən] イナヴェイション	名
13	substance	[sʌ́bstəns] サブストンス	名
14	academic	[æ̀kədémɪk] あカデミック	形
15	institute	[ínstət(j)ù:t] インステテュ[トゥ]ート	動
16	document	[dá:kjəmənt] ダキュメント	名
17	summary	[sʌ́məri] サマリ	名
18	submit	[səbmít] サブミット	動
19	outline	[áutlàɪn] アウトらイン	名
20	draft	[drǽft] ドラぁふト	名
21	solution	[səlú:ʃən] サるーション	名
22	detail	[dí:teɪl] ディーテイる	名
23	category	[kǽtəgɔ̀:ri] キぁテゴーリ	名
24	domain	[doumérn] ドゥメイン	名
25	intelligent	[ɪntélɪdʒənt] インテリヂェント	形
26	firework	[fáɪərwə̀:rk] ふァイアワーク	名
27	portrait	[pɔ́:rtrət] ポートレット	名
28	calligraphy	[kəlígrəfi] カリグラふィ	名
29	sculpture	[skʌ́lptʃər] スカるプチャ	名
30	contemporary	[kəntémpərèri] コンテムパラリ	形
31	compose	[kəmpóuz] カムポウズ	動
32	contrast	[kɑ́ntræst] カントラぁスト	動
33	worldwide	[wə̀:rldwáid] ワ〜るドワイド	形
34	framework	[fréɪmwə̀rk] ふレイムワーク	名
35	literacy	[lítərəsi] リトラスィ	名
36	accurate	[ǽkjərət] あキュレト	形
37	fluent	[flú:ənt] ふるーエント	形
38	dialogue	[dáɪələ(:)g] ダイアロ(ー)グ	名
39	interact	[ìntərǽkt] インタラぁクト	動
40	bilingual	[baɪlíŋgwəl] バイリングウる	形
41	journal	[dʒə́:rnəl] ヂァ〜ヌる	名
42	article	[á:rtɪkəl] アーティクる	名
43	comment	[kɑ́:ment] カーメント	名
44	flexible	[fléksəbəl] ふれクシブる	形
45	imply	[ɪmplái] イムプらイ	動
46	superstition	[sù:pərstíʃən] スーパスティション	名
47	diversity	[dəvə́:rsiti] ディヴァ〜シティ	名
48	task	[tǽsk] タぁスク	名
49	overseas	副 [óuvərsí:z] オウヴァシーズ / 形 [òuvərsí:z] オウヴァシーズ	副／形
50	ethnic	[éθnɪk] エすニック	形
51	impact	[ímpækt] イムパぁクト	名
52	target	[tá:rgət] ターゲット	名
53	outcome	[áutkʌ̀m] アウトカム	名
54	potential	[pəténʃəl] パテンシャる	形
55	formal	[fɔ́:rməl] ふォームる	形
56	reception	[rɪsépʃən] リセプション	名
57	bias	[báɪəs] バイアス	名
58	discrimination	[dɪskrìmənéɪʃən] ディスクリミネイション	名
59	sanitation	[sæ̀nɪtéɪʃən] サぁニテイション	名
60	hygiene	[háɪdʒi:n] ハイヂィーン	名
61	prison	[prízən] プリズン	名
62	release	[rɪlí:s] リリース	動
63	ensure	[ɪnʃúər] インシュア	動

	英 語		意 味
64	guarantee	[gèrəntíː] ゲルンティー	動
65	convention	[kənvénʃən] カンヴェンション	名
66	federation	[fèdəréɪʃən] ふェデレイション	名
67	summit	[sʌ́mɪt] サミット	名
68	legal	[líːgəl] リーグる	形
69	administration	[ədmìnəstréɪʃən] アドミニストレイション	名
70	candidate	[kǽndədèɪt] キぁンディデイト	名
71	procedure	[prəsíːdʒər] プロシーヂア	名
72	versus	[vɑ́ːrsəs] ヴァーサス	前
73	issue	[íʃuː] イシュー	名
74	suspect	動 [səspékt] サスペクト 名 [sʌ́spekt] サスペクト	動／名
75	purchase	[pɑ́ːrtʃəs] パ〜チェス	名
76	launch	[lɔ́ːntʃ] ろーンチ	動
77	expand	[ɪkspǽnd] イクスパぁンド	動
78	property	[prɑ́ːpərti] プラパティ	名
79	financial	[fənǽnʃəl] ふィナぁンシャる	形
80	fund	[fʌ́nd] ふァンド	名
81	budget	[bʌ́dʒət] バヂェット	名
82	debt	[dét] デット	名
83	calculate	[kǽlkjəlèɪt] キぁるキュれイト	動
84	stock	[stɑ́ːk] スタック	名
85	register	[rédʒɪstər] レヂスタ	動
86	decline	[dɪkláɪn] ディクらイん	動
87	renew	[rɪn(j)úː] リニュー	動
88	resident	[rézədənt] レズドント	名
89	apart	[əpɑ́ːrt] アパ〜ト	副
90	household	[háushòuld] ハウスホウるド	名
91	minimum	[mínɪməm] ミニマム	形
92	routine	[ruːtíːn] ルーティーン	名
93	arise	[əráɪz] アライズ	動
94	bury	[béri] ベリ	動

	英 語		意 味
95	life cycle	[láɪf sàɪkəl] らいふ サイクる	名
96	obstacle	[ɑ́ːbstəkəl] アーブスタクる	名
97	barrier	[bériər] ベリア	名
98	crisis	[kráɪsɪs] クライシス	名
99	urban	[ɑ́ːrbən] ア〜ブン	形
100	tension	[ténʃən] テンション	名
101	mammal	[mǽməl] マぁムる	名
102	geographic	[dʒìːəgrǽfɪk] ヂーオグラぁふィック	形
103	moisture	[mɔ́ɪstʃər] モイスチア	名
104	peak	[píːk] ピーク	名
105	emission	[ɪmíʃən] イミッション	名
106	ecosystem	[ékousìstəm] エコウシステム	名
107	eco-friendly	[èkou fréndli] エコウ ふレンドリ	形
108	extinct	[ɪkstíŋkt] イクスティンクト	形
109	shift	[ʃíft] シふト	動
110	transform	[trænsfɔ́ːrm] トラぁンスふォーム	動
111	gap	[gǽp] ギぁップ	名
112	frighten	[fráɪtən] ふライトン	動
113	incredible	[ɪnkrédəbəl] インクレダブる	形
114	appropriate	[əpróupriət] アプロウプリエト	形
115	precise	[prɪsáɪs] プリサイス	形
116	regardless	[rɪgɑ́ːrdlɪs] リガードリス	副
117	range	[réɪndʒ] レインヂ	名
118	approximately	[əprɑ́ːksəmətli] アプラークスメトリ	副
119	nevertheless	[nèvərðəlés] ネヴァざれス	副
120	otherwise	[ʌ́ðərwàɪz] アざワイズ	副

答えは次のページ ▶▶

1つの単語に対して，まずは1つの意味を覚えるところから始めましょう。

1 ①コード，記号，暗号
　②法，おきて
2 ①有用(性)，実用(性)
　②役に立つもの
　③公共料金，(電気・水道などの)
　公益サービス
3 ①人里離れた　②遠く離れた
4 ①施設
　②《(複) facilitiesで》設備
5 (人工)衛星
6 ①元素　②要素，要因
7 と想定する，と仮定する
8 予想，予測
9 心理学，心理(状態)
10 ①(科学技術などの)大発見
　②(交渉などの)進展
11 開拓者，先駆者
12 ①(技術)革新，刷新
　②新機軸，新考案
13 ①物質，実質
　②(ばくぜんと)もの
14 ①学業の，教育の　②学問の
15 を設立する，を制定する
16 文書，書類
17 要約
18 を提出する
19 概要，輪郭，下書き
20 草案，草稿，下書き
21 ①解決策，解決法　②解答，正答
22 ①細部　②詳細
23 ①範ちゅう，カテゴリー
　②部門，分類
24 ①領域　②領土
　③《コンピュータ用語で》ドメイン
25 頭のよい，知能の高い，知的な
26 《(複)で》花火
27 (特に顔の)肖像(画)
28 書道
29 彫刻(作品)，彫像
30 ①現代の　②同時代の
31 ①を構成する　②(を)作曲する
32 を対比する
33 世界的な
34 ①(建築などの)骨組み，枠組み
　②(社会の)構造
35 読み書きの能力
36 正確な，事実に基づいた
37 ①流ちょうに(ぺらぺら)話す
　②流ちょうな，ぺらぺらな
38 ①対話，ダイアログ
　②(映画などの)会話(部分)
39 交流する，コミュニケーション
　を取る
40 2言語を使用する，2か国語を
　話せる

41 (専門の)雑誌，定期刊行物
42 記事，論説
43 ①コメント，意見　②論議，論評
44 柔軟な，曲げやすい
45 を示唆する，をほのめかす
46 迷信
47 多様性
48 課題，任務，タスク
49 [副]海外に(へ)　[形]海外にあ
　る，海外の
50 民族の，民族的な
51 ①強い影響(力)，インパクト
　②衝撃
52 ①達成目標，ターゲット　②標的
53 結果，(具体的な)成果
54 潜在的な
55 ①正式の，公式の
　②フォーマルな，改まった
56 ①歓迎(会)，宴会
　②(会社などの)受付
57 先入観，偏見，傾向
58 差別
59 公衆衛生，下水設備
60 清潔，衛生
61 ①刑務所　②拘置
62 ①を開放する，を釈放する
　②を公表する，を公開する
63 を保証する，を確保する
64 を保証する，を約束する
65 ①協定，合意，社会のしきたり，
　因習
　②(政治や宗教の)代表者会議，
　大会，総会
66 ①同盟，連合　②連邦政府
67 ①首脳会議　②頂上，頂点
68 ①合法的な　②法律上の
69 ①政権，政府　②管理，運営
70 ①候補者　②志願者，受験者
71 手続き，手順
72 ①(訴訟・試合などで)〜対…
　②〜に対して
73 ①(社会的・政治的な)問題(点)，
　争点
　②(雑誌などの)　〜号
74 [動]①を疑う　②に感づく
　[名]容疑者
75 購入，買い入れ
76 ①(新製品など)を発売する，(事
　業など)を起こす
　②(人工衛星など)を発射する
77 (事業などが)拡大する，発展す
　る，を拡大させる
78 ①財産，所有物　②不動産
　③《通常(複)で》特性
79 財政上の

80 ①基金，資金　②(知識などの)蓄
　え　③《(複)で》財源
81 予算，経費
82 ①借金，負債　②恩義
83 (を)計算する，を見積もる
84 ①在庫(品)，貯蔵品，蓄え
　②株(式)
85 (を)登録する
86 ①低下する　②(申し出・誘いな
　ど)を断る
87 ①更新する　②再び新しくする
　③復活させる
88 住民，居住者
89 ①(距離的に)離れて
　②(時間的に)〜違いで
90 家族，世帯
91 最小限の，最低限の
92 (日常の)決まりきった仕事，習
　慣的手順
93 (問題などが)生まれる，発生す
　る，起こる
94 を埋葬する，を埋める，を隠す
95 ライフサイクル，生活周期
96 障害(物)
97 障壁，障害・妨げとなるもの
98 危機，重大局面
99 都市の，都会の
100 ①緊張(状態)　②張力
101 ほ乳動物，ほ乳類
102 地理(学)上の
103 湿気，水分
104 ①山頂，峰　②頂点，絶頂
　③最盛期，ピーク
105 排出，放出
106 生態系
107 環境にやさしい，生態系にや
　さしい
108 絶滅した，消滅した
109 ①少し動く，を少し動かす
　②移る，を移す
110 を変形させる，を一変させる
111 ①すき間，隔たり
　②(意見の)相違
112 を怖がらせる，をおどかす
113 信じられない(ほどすごい)
114 適切な，妥当な，ふさわしい
115 ①正確な，精密な
　②まさにその
116 それでも
117 ①範囲　②山脈　③列
118 およそ，約
119 それにもかかわらず
120 ①別の方法で　②さもなければ，
　もしそうでなければ　③そのほ
　かの点では

チェックボックスの左側は音声チェック欄,
右側は音読チェック欄として使おう

日 本 語	英 語
1 **授業中**寝てはいけない。	You must not sleep ....
2 私は**週に5日**学校に行きます。	I go to school ....
3 **将来は**オリンピック選手になりたい。	I want to be an Olympic athlete ....
4 **おつり**をどうぞ。	Here's your ....
5 文化祭で**エレキギターを演奏した。**	I .... at the school festival.
6 私の兄は**銀行に勤めています。**	My brother ....
7 彼の新しい本は**思っていたより**おもしろい。	His new book is more interesting ....
8 **これからは**もっと気をつけます。	I will be more careful ....
9 **ええと…**ぼくはアボカドバーガーにするよ。	.... I'll have an avocado burger.
10 この花は**チョウのように見える。**	This flower ....
11 **足元に気をつけて。**	....
12 **困ったことに**スマートフォンが動かない。	.... my smartphone doesn't work.
13 私たちはよく夜に**電話で話をします。**	We often .... at night.
14 **きっと**それを気に入りますよ。	You will like it ....
15 **夜更かしをするな。**	Don't ....
16 **伝言をお願い**できますか。	Can I .... ?
17 急げば**最終電車に間に合う**よ。	Hurry up, and you'll ....
18 私は来週,**大阪に出発します。**	I'm .... next week.
19 ハロウィーンは**10月の終わりに**ある。	Halloween is ....
20 私たちは仙台駅で**電車を乗り換え**なくてはならない。	We have to .... at Sendai Station.
21 **それはどういう意味ですか。**	.... ?

Answers

1 in class	2 five days a week	3 in the future	4 change
5 played the electric guitar	6 works for a bank	7 than I thought	
8 from now on	9 Let's see	10 looks like a butterfly	11 Watch your step
12 The trouble is that	13 talk on the phone	14 for sure	15 stay up late
16 leave a message	17 catch the last train	18 leaving for Osaka	19 at the end of October
20 change trains	21 What does it mean		

日 本 語	英 語
22 彼女は**世界中の**人々に知られています。	She is known to people ＿＿＿＿ ＿＿＿＿ ＿＿＿＿＿.
23 すみません。**だれかほかの人**に頼んでもらえますか。	I'm sorry. Can you ask ＿＿＿＿ ＿＿＿＿?
24 ごめん，**急用ができた**んだ。	Sorry, ＿＿＿＿ ＿＿＿＿ ＿＿＿＿.
25 ああ！ お弁当がすべて**売り切れている**…	Oh, no! All the box lunches ＿＿＿＿ ＿＿＿＿ …
26 北海道は日本**の北部に**ある。 北海道は本州の**北(の方向)に**ある。	Hokkaido is ＿＿＿＿ ＿＿＿＿ ＿＿＿＿ Japan. Hokkaido is ＿＿＿＿ ＿＿＿＿ ＿＿＿＿ Honshu.
27 **間違い電話だ**と思いますよ。	I think you ＿＿＿＿ the ＿＿＿＿ ＿＿＿＿.
28 **どうしたの？**	＿＿＿＿ the ＿＿＿＿ you?
29 私は**1日おきに**洗濯をします。	I wash our clothes ＿＿＿＿ ＿＿＿＿ ＿＿＿＿.
30 **ご親切にありがとう。**	That's ＿＿＿＿ ＿＿＿＿ you.
31 彼女は学校のマラソン大会で**金メダルを取った。**	She ＿＿＿＿ the ＿＿＿＿ ＿＿＿＿ in the school marathon (race).
32 ああ，**バスに乗り遅れた。**	Oh, I ＿＿＿＿ ＿＿＿＿ ＿＿＿＿.
33 **就職する**前に，インド旅行がしたい。	Before I ＿＿＿＿ ＿＿＿＿, I want to travel to India.
34 1つ買えば，もう1つ**無料で**もらえます。	If you buy one, you can get another one ＿＿＿＿ ＿＿＿＿.
35 **駅に向かう途中，**私は交通事故を見た。	＿＿＿＿ ＿＿＿＿ ＿＿＿＿ the station, I saw a traffic accident.
36 私は**飛行機で**沖縄へ修学旅行に行った。	I went on a school trip to Okinawa ＿＿＿＿ ＿＿＿＿.
37 **ねえ，聞いてよ，**ケン。新しいギターを買ったんだ！	＿＿＿＿ ＿＿＿＿, Ken? I bought a new guitar!
38 私は**1時間後に**戻ります。	I'll be back ＿＿＿＿ ＿＿＿＿ ＿＿＿＿.
39 この通り**をまっすぐ行けば，**郵便局が見つかりますよ。	＿＿＿＿ ＿＿＿＿ this street and you'll find the post office.
40 私は高校卒業後に**留学し**たい。	I want to ＿＿＿＿ ＿＿＿＿ after high school.
41 どうか，**ひとりにしておいて。**	Please ＿＿＿＿ ＿＿＿＿ ＿＿＿＿.

 nswers

22 around the world   23 someone else   24 something came up   25 are sold out
26 in the north of / to the north of   27 have / wrong number
28 What's / matter with   29 every other day   30 kind of
31 won / gold medal   32 missed the bus   33 get a job   34 for free
35 On my way to   36 by air   37 Guess what   38 in an hour
39 Go down   40 study abroad   41 leave me alone

日 本 語	英 語
42 彼は 800 メートル走で高校**新記録を打ち立てた**。	He ＿＿＿＿＿＿＿＿＿＿＿＿＿＿＿＿＿ high school ＿＿＿＿＿＿＿＿＿ in the 800-meter run.
43 **私の意見では**，ここがこの辺りで最高のレストランです。	＿＿＿＿＿＿＿＿＿＿＿＿＿, this is the best restaurant around here.
44 彼女は私に**多くの助言**をくれた。	She gave me ＿＿＿＿＿＿＿＿＿＿＿＿ ＿＿＿＿＿＿＿.
45 **私の目標**は歌手として**デビューすることです**。	＿＿＿＿＿＿＿＿＿ is ＿＿＿＿＿＿＿ my debut as a singer.
46 私は福岡生まれの福岡**育ち**です。	I was born and ＿＿＿＿＿＿＿＿ Fukuoka.
47 とても多くの**漢字**がある。	There are a lot of ＿＿＿＿＿＿＿＿.
48 どうしたの？ **気分が悪いの？**	What's wrong? Do you ＿＿＿＿＿＿＿＿?
49 熱があるなら，**医者に診てもらう**べきだよ。	If you have a fever, you should ＿＿＿＿＿＿＿＿＿＿.
50 毎日運動しているので，**体の調子がいい**。	I exercise every day, so I'm ＿＿＿＿＿＿＿＿＿.
51 オーディションに合格したの！ **泣いちゃいそう**。	I passed the audition! I'm ＿＿＿＿＿＿ ＿＿＿＿＿＿＿.
52 数学の問題は**ちょっと**難しい。	The math problem is ＿＿＿＿＿＿ difficult.
53 ああ，**バターがない**。	Oh, no. I'm ＿＿＿＿＿＿＿＿.
54 今，ジョンは**外出しています**が，すぐに戻ってきます。	John ＿＿＿＿＿＿ now but will be back soon.
55 昨日は**休んで**，買い物に出かけました。	I ＿＿＿＿＿＿ yesterday and went shopping.
56 彼女が**留守にしている**あいだ，私がネコを見ていた。	I watched her cat while she ＿＿＿＿＿＿ ＿＿＿＿＿＿.
57 この電車は東京**行き**です。	This train is ＿＿＿＿＿＿ Tokyo.
58 前方に**購入可能な通路側の席**が 1 つあります。	There is one ＿＿＿＿＿＿＿＿＿＿ in the front.
59 コンサートはあと **30 分**ほどで始まります。	The concert will begin in about ＿＿＿＿＿ ＿＿＿＿＿.
60 **11 時 15 分過ぎ**に昼食にしましょう。	Let's have lunch at (a) ＿＿＿＿＿＿ ＿＿＿＿＿＿.
61 **7 時 15 分前**に迎えにいきます。	I'll pick you up at (a) ＿＿＿＿＿＿＿.

nswers

42 set a new / record raised in	43 In my opinion	44 a lot of advice	45 My goal / to make 46
47 Chinese characters	48 feel sick	49 see a doctor	
50 in good shape	51 about to cry	52 kind of	53 out of butter
54 is out	55 was off	56 was away	57 bound for
58 aisle seat available	59 half an hour	60 quarter past eleven	61 quarter to seven

音声はここから ▶
pp.182〜187

日 本 語	英 語
62 昨夜は **11 時半**に寝た。	I went to bed at _____ _____ last night.
63 彼は**間に合わ（都合がつか）**ないと言っていた。	He said he can't _____.
64 時間はかかったが，**理解した**。	It took a while, but I _____.
65 いいぞ，**その調子！**	Good work, _____!
66 **がんばれ**，カオリ。	_____, Kaori.
67 うちのネコが昨日死んじゃったの。**——それはお気の毒に。**	My cat died yesterday. — I'm _____ that.
68 **気にするな**。だれにでも間違いはある。	_____. We all make mistakes.
69 お忙しい中すみません。**——問題ないよ。**	Sorry to bother you. — _____.
70 7 時にここに来られますか。**——もちろん，心配ないよ。**	Can you come here at seven? — Sure, _____.
71 ご協力ありがとうございます。**——とんでもない（どういたしまして）。**	Thanks for your help. — _____.
72 メールを送ってくれてありがとう。**——大丈夫ですよ（どういたしまして）。**	Thank you for sending this email. — _____ / _____.
73 パスポートを拝見してもよろしいですか。**——どうぞ。**	May I see your passport? — _____.
74 **どうぞ**。お食事をお楽しみください。	_____. Enjoy your meal.
75 先にお入りください。**——いいえ，お先にどうぞ。**	Please go in first. — No, please, _____.
76 もう 1 切れパイを食べてもいいですか。**——もちろん。どうぞ。**	May I have another piece of pie? — Sure. _____.
77 一言申し上げてよろしいでしょうか。**——はい，ぜひ。**	May I say something? — Yes, _____.
78 これを私の部屋まで運んでもらえますか。**——もちろんです（かしこまりました）。**	Could you carry this to my room? — _____.
79 今夜のパーティーには行くの？**——もちろん。**	Are you going to the party tonight? — _____.
80 明日出発ということですか。**——その通り。**	Are you saying you're leaving tomorrow? — _____.
81 家を買うつもりなんだ。**——本気で？**	I'm going to buy a house. — _____?

Answers

62 half past eleven	63 make it	64 got it	65 way to go
66 Go for it	67 sorry to hear	68 Never mind	69 No problem
70 no worries	71 Not at all	72 That's OK/all right	73 Here you are
74 Here you go	75 after you	76 Go ahead	77 by all means
78 Certainly	79 Definitely	80 Exactly	81 Seriously

巻末付録 共通テスト対策〈リスニング〉

日 本 語	英 語
82 私がお金持ちだと思っているの？ **ありえない！**	Do you think I'm rich? _____ _____ !
83 テニスは好き？──**そうでもないよ。**	Do you like tennis? — _____ .
84 忙しい？──**そうでもないよ。**	Have you been busy? — _____ .
85 彼女が怒ることは**めったにない。**	It's _____ _____ that she gets angry.
86 やあ，ジム，**元気（最近どう）**？──特に何も。	Hi, Jim, _____ ? — Not much.
87 もう１台スマートフォンがほしいんだ。──**どうして？** １台持っているのに。	I want another smartphone. — _____ ? You have one.
88 **どのような方法で**それを知ったのですか。	_____ _____ did you know about it?
89 冷たくても温かくても，**どちらにしても**うどんが好きです。	Cold or hot, I like udon noodles _____ _____ .
90 残念ながら**今すぐ**あなたを助けることはできません。	I'm afraid I can't help you _____ .
91 **誕生日と言えば，**君のはいつですか。	_____ , when's yours?
92 来週末**みんなで集まろう。**	_____ next weekend.
93 今夜は**私がおごります。**	_____ tonight.
94 **よく似合うよ。**	It _____ _____ _____ you!
95 **走らなきゃ。**	I've _____ !
96 **左側／右側にある**ボタンを押すだけだ。	Just press the button _____ / _____ .
97 **私のちょうど後ろ**にとてもルックスのよい男性がいました。	There was a really good-looking guy _____ .
98 私は冷蔵庫**の上に**電子レンジを置いた。	I put the microwave _____ the refrigerator.
99 その用紙の**右上／左上**に自分の名前を記入してください。	Write your name at the _____ / _____ of the paper.
100 そのフォームの**右下／左下**に署名してください。	Sign at the _____ / _____ of the form.
101 私はそれをキーボード**の前に**置き忘れたと思った。	I thought I left it _____ the keyboard.
102 私のフォルダはそれ**の後ろに**あります。	My folder is _____ that one.

 nswer

82 No way	83 Not quite	84 Not really	85 not often
86 what's up	87 What for	88 In what way	89 either way
90 right now	91 Speaking of birthdays	92 Let's all get together	93 It's on me
94 looks good[great] on	95 got to run	96 on the left/right	97 right behind me
98 on the top of	99 top right/left	100 bottom right/left	101 in front of
102 in back of			

186

日 本 語	英 語
103 **あなたのとなりにいる**若い男性はだれですか。	Who's the young guy _____ ?
104 ケンは学校と銀行**の向かいに**住んでいるのではないですか。	Doesn't Ken live _____ a school _____ a bank?
105 私は期日までにレポートを終えられる**かどうか**疑問だ。	_____ I can finish my report by the deadline.
106 いや，すみませんが，**私はむしろ**ベーコンのほうがいいです。	No, sorry, _____ bacon.
107 私は学校のあらゆる場所に無料のワイファイが**あったほうがよいだろう**と思います。	I think it'd _____ we had free Wi-Fi everywhere in the school.
108 私は代わりに太陽光パネル**を買ったほうがよいだろう**と思います。	I think it'd _____ to _____ solar panels instead.
109 学校を改善するために，**もし 500 万円あった**らどうしますか。	_____ we _____ five million yen to improve our school?
110 それを明るい色に**塗るのはどうですか。**	_____ it a bright color?
111 何か新しいこと**をやってみてはどうですか。**	_____ don't _____ something new?
112 今夜は外食しよう。——**いいよ。**	Let's eat out tonight. — _____ ?
113 あなたのコンピュータは**どこか調子が悪いのですか。**	_____ with your computer?
114 だれが最初にゴールするかは**どうでもよいことだ。**	_____ who finishes first.
115 **申込用紙に記入してください。**	Please _____ an _____ .
116 あなたは**提出する**べきレポートがありますか。	Do you have your report to _____ ?
117 迷子になって，**最後にバラ園に行き着いた。**	I got lost and _____ the rose garden.
118 **帰宅途中に**卵を買うことができますか。	Can you buy eggs _____ ?
119 私のコートは青いのです…そう，**それだ。**	My coat is the blue one ... yes, _____ .
120 では，本日は**ここまで。**	Okay, _____ for today.

 **nswers**

103 next to you | 104 across from / and | 105 I wonder if
106 I'd rather have | 107 be better if | 108 be better / buy
109 What would you do if / had | 110 What[How] about painting | 111 Why / you do
112 Why not | 113 What's wrong | 114 It doesn't matter
115 fill out / application form | 116 hand in | 117 ended up in
118 on your way home | 119 that's it | 120 that's all

もっと書いてみよう！

		意　味				

もっと書いてみよう！

		意　味				

DATE　　　　・　　・

もっと書いてみよう！

意　味

190

単語さくいん

熟語さくいん

●**英文校閲**　Karl Matsumoto
●**執筆協力**　笹部宣雅

データベース 3300 準拠
書いて覚える英単語ノート【基本 3300 語レベル】

2023 年 2 月 1 日　初　版第 1 刷発行

編　者	桐原書店編集部
発行人	門間 正哉
発行所	株式会社 桐原書店
	〒 114-0001　東京都北区東十条 3-10-36
	TEL：03-5302-7010（販売）
	www.kirihara.co.jp
装　丁	primary inc.,
本文レイアウト	徳永 裕美
DTP	有限会社マーリンクレイン
印刷・製本	図書印刷株式会社